LA LANGUE JAPONAISE
Pour l
es débutants

APPRENEZ LE
Kanji
CARACTÈRES JLPT-N5

CAHIER D'EXERCICES LINGUISTIQUES POUR LES DÉBUTANTS

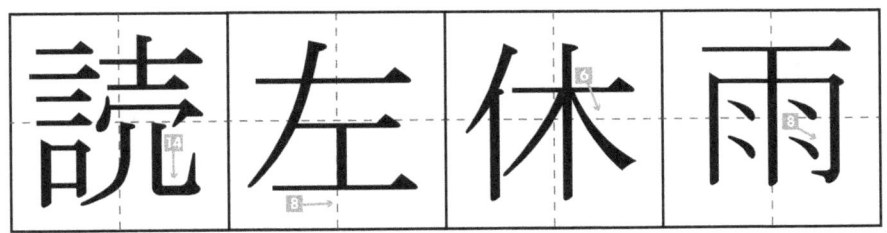

☑ Maîtrisez votre premier Kanji, étape par étape

☑ Apprenez la signification des kanjis et l'ordre des traits.

☑ Diagrammes de l'ordre des traits et conseils d'écriture

POLYSCHOLAR

www.polyscholar.com

CONTENU

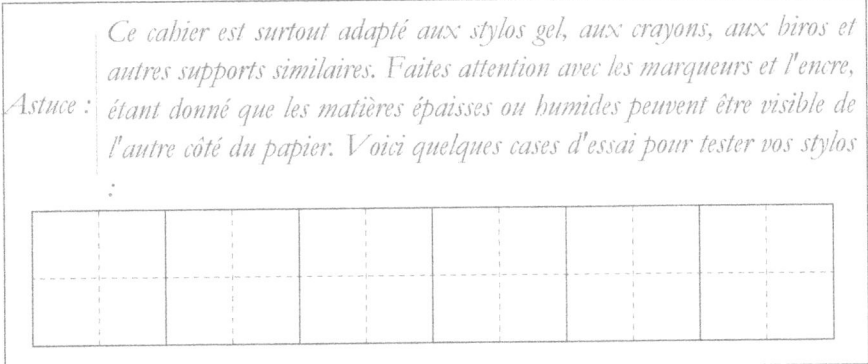

Astuce :   *Ce cahier est surtout adapté aux stylos gel, aux crayons, aux biros et autres supports similaires. Faites attention avec les marqueurs et l'encre, étant donné que les matières épaisses ou humides peuvent être visible de l'autre côté du papier. Voici quelques cases d'essai pour tester vos stylos :*

LA SCIENCE DES KANJI

Au cours de votre étude du japonais, vous avez sans doute entendu parler des kanji, l'une des composantes les plus intimidantes pour les débutants en japonais. Maîtriser les kanji, comme tout autre aspect de la langue, demande beaucoup d'efforts et de temps, mais ce guide a été spécialement conçu pour vous montrer comment commencer à apprendre les kanji en toute simplicité !

On dit des kanji japonais (漢字) qu'ils représentent le troisième alphabet de la langue, mais ce n'est pas tout à fait exact. En tant que francophones apprenant l'hiragana et le katakana, vous avez probablement remarqué les ressemblances entre l'alphabet français et ces sylla-baires japonais. Tous deux sont conçus pour décrire les sons phonétiques des mots dans leurs langues respectives, mais le kanji est bien différent. Les kanji, importés du système d'écriture chinois il y a des milliers d'années, sont, comme leurs parents chinois, un système d'écriture logographique, ce qui veut dire que chaque caractère représente une signification plutôt qu'un son spécifique. Ainsi, lorsque vous lisez le japonais, certains caractères kanji peuvent être lus jusqu'à 18 façons différentes ! Mais ne vous laissez pas effrayer, car la plupart des kanji n'ont que deux prononciations : le kunyomi et l'onyomi. La lecture kunyomi est utilisée lorsque le caractère est utilisé pour représenter un mot japonais natif, ce qui est utile pour différencier les nombreux mots japonais à consonance similaire. En revanche, la lecture onyomi est utilisée lorsque les caractères sont utilisés dans le même mot que d'autres kanji, généralement des mots empruntés au chinois.

COMMENT UTILISER CE GUIDE

Comme pour l'apprentissage de toute langue, la répétition est l'un des moyens les plus rapides de s'en imprégner. Ce cahier d'exercices contient des pages d'instructions soigneusement conçues qui vous apprendront à écrire chaque caractère, avec un espace pour mettre en pratique vos nouvelles connaissances en calligraphie japonaise :

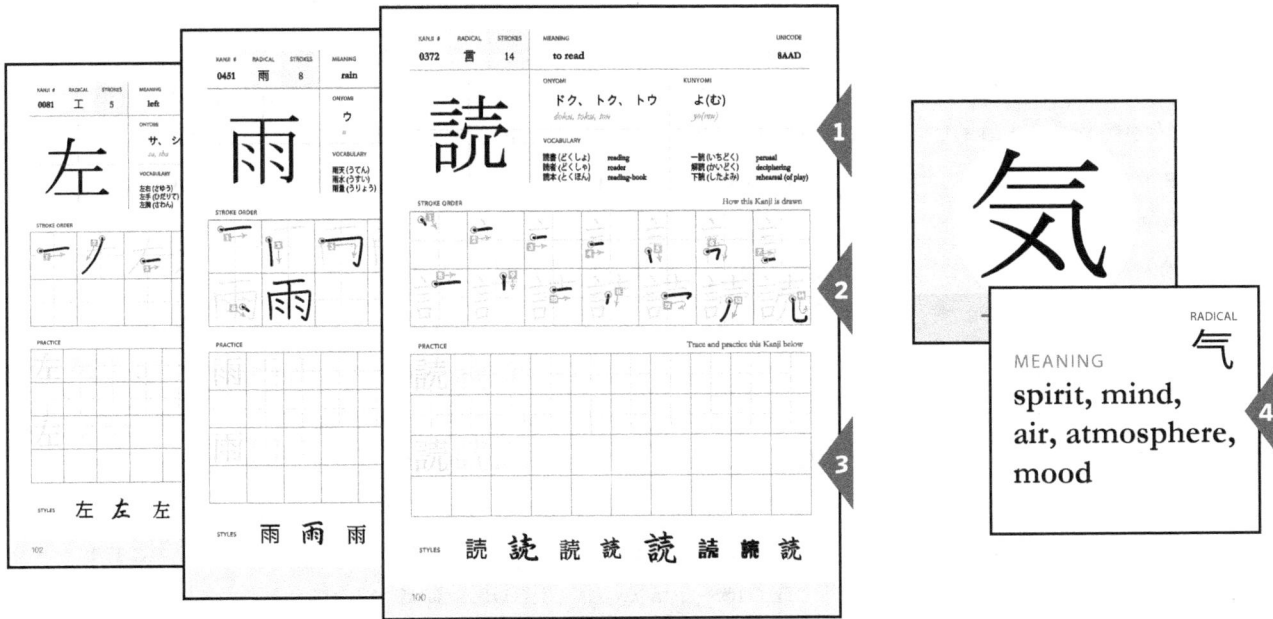

Vers la fin de ce cahier d'exercices, vous trouverez des tableaux supplémentaires que vous pourrez utiliser après avoir appris à écrire certains (ou même tous) les kana. Ces tableaux sont appelés traditionnellement Genkouyoushi (ou 原稿用紙 en japonais), ce qui signifie " papier manuscrit ".

La dernière partie de ce cahier d'exercices contient un ensemble de pages présentant des cartes flash qui peuvent être photocopiées ou découpées. Ces cartes vous aideront à mémoriser les symboles et à tester vos connaissances. *Les jeunes apprenants devraient demander l'aide d'un adulte pour les découper !*

UNE BRÈVE HISTOIRE DU JAPONAIS ET DES KANJI

La langue japonaise fait partie des langues isolées du monde, ce qui signifie qu'elle n'a pas d'ancêtre connu ni de langues apparentées, à l'exception des langues ryukyuanes parlées dans les îles situées au sud du continent. Cela veut dire que, contrairement à l'anglais et à l'allemand qui sont "génétiquement apparentés" dans la mesure où ils sont tous deux issus d'une langue mère, appelée proto-germanique, et partagent de nombreux mots et une grammaire identiques, le japonais n'a pas de parent ou de frère ou sœur connus. Cependant, dès le Ve siècle, le Japon a introduit des caractères chinois via la péninsule coréenne et a commencé à utiliser le système d'écriture chinois pour les textes et les documents dans son propre pays. Ce style d'écriture, appelé kanbun, était entièrement écrit avec des caractères, une grammaire et une syntaxe chinois, mais prononcé avec un mélange de lectures chinoises et japonaises. Cela semble déroutant ? C'est le cas !

Le kanbun a été classé par certains érudits comme une langue créole entièrement à part, car il serait incompréhensible pour le citoyen chinois ou japonais moyen de l'époque. Néanmoins, ou précisément pour cette raison, il est devenu largement populaire auprès de l'élite et des classes nobles, et la plupart des ouvrages intellectuels et officiels du 9e siècle au 20e siècle ont été écrits dans ce style. En fait, les syllabaires hiragana et katakana ont été développés plus tard, par les femmes des cours nobles qui n'avaient pas accès à l'éducation rigoureuse nécessaire pour écrire dans cet hybride chinois-japonais. Elles utilisaient un petit nombre de caractères chinois pour leur seule sonorité pour représenter le japonais, et la manière cursive d'écrire ces caractères s'est simplifiée avec le temps pour devenir l'hiragana que nous connaissons aujourd'hui. Alors que de nombreux membres de l'élite préféraient écrire dans ce style kanbun, l'hiragana, facile à apprendre, est devenu de plus en plus populaire parmi les non-élites et les personnes qui n'auraient pas pu écrire autrement. Avec le temps, les syllabaires et l'utilisation des kanji se sont fondus dans l'écriture japonaise que nous connaissons aujourd'hui, qui utilise un mélange des trois dans l'écriture quotidienne et dans les textes officiels.

IL Y A COMBIEN DE KANJI ?!?!???

Après des siècles d'importation de ces caractères au Japon, on trouve aujourd'hui de très nombreux kanji, plus de 50 000 selon certaines estimations ! Cependant, la grande majorité d'entre eux ne sont pas standardisés ou ne sont plus utilisés et on ne les rencontre pas en dehors des textes écrits en japonais classique. En réalité, le test d'aptitude aux kanji le plus rigoureux au Japon pour les historiens et les traducteurs ne porte que sur environ 6 000 caractères, les jōyō kanji (littéralement, caractères chinois d'usage quotidien) étant les 2 136 caractères standard requis pour être considéré comme maîtrisant la langue. Ces jōyō kanji sont également ce qui est enseigné du CP à la fin du lycée aux enfants japonais, il y a donc beaucoup de matériel pédagogique pour ces kanji.

OÙ COMMENCER

Et comment ces jeunes élèves commencent-ils à apprendre tous ces caractères ? De la même façon que vous, par la répétition, la pratique, la découverte et l'utilisation des kanji dans des situations courantes. Un grand nombre des premiers caractères que vous apprendrez sont pictographiques, ce qui signifie qu'ils représentent visuellement la signification qui leur est associée. Par exemple, le caractère pour arbre, 木 (ki), ressemble à un arbre avec le tronc central et plusieurs branches. Le caractère pour la rivière, 川 (kawa), ressemble à un courant d'eau qui se précipite vers le bas. Ces kanji pictographiques ne représentent qu'une petite partie de l'ensemble des caractères utilisés dans le japonais moderne, mais constituent un bon moyen pour les étudiants débutant dans les langues logographiques de s'y familiariser. C'est également un avantage car beaucoup des premiers kanji pictographiques sont assemblés pour former de nouveaux kanji. Vous rencontrerez donc beaucoup de nouveaux caractères et aurez déjà une idée de la signification, ou du son, du caractère.

Au fur et à mesure que les caractères commencent à devenir plus complexes, de nombreux apprenants utilisent des moyens mnémotechniques pour les aider à se souvenir de la signification des kanji plus avancés, qui sont le plus souvent composés de 2 parties ou plus, appelées radicaux. Par exemple, un moyen mnémotechnique bien connu pour le caractère 町 (ville, machi) consiste à se rappeler qu'il s'agit d'une rizière (田) à côté d'une rue (丁), deux éléments que l'on retrouve dans 100% des petites villes japonaises.

Étant donné que la plupart des gens apprennent les kanji en suivant un ordre similaire à celui des élèves des écoles primaires japonaises, la lecture de livres pour enfants peut être un très bon moyen de s'exercer une fois que vous avez une base solide de caractères. Une fois que ceux-ci deviennent plus faciles, vous pouvez essayer un livre plus difficile, ou une autre option populaire, les mangas. Comme vous le savez probablement déjà, les mangas sont des bandes dessinées japonaises qui, ces dernières années, sont devenues extrêmement populaires dans le monde entier. C'est une excellente option pour les personnes qui essaient de commencer à lire en japonais, car les illustrations aident beaucoup à comprendre le texte. Si vous savez déjà lire les caractères, le dessin agit comme une bonne visualisation des mots pour mieux les retenir. D'autre part, si vous ne comprenez pas tous les mots, les mots que vous comprenez, associés au contexte des illustrations, vous permettront de mieux comprendre le sens du mot ou du caractère, par vous-même.

APPRENDRE À ÉCRIRE LES KANJI (OU PAS)

En arrivant à cette page, vous vous dites peut-être : "Eh bien, si je prévois surtout de parler et d'écouter en japonais, il me suffit d'apprendre les hiragana et les katakana. Je peux tout écrire dans la langue avec ces caractères et je n'ai donc pas besoin d'apprendre à écrire les kanji du tout."

C'est vrai dans une certaine mesure. Vous pourriez théoriquement parler couramment le japonais oral sans apprendre un seul caractère kanji et écrire le prochain grand roman japonais entièrement en hiragana. Cependant, tous ceux qui le liront auront beaucoup de mal à différencier les mots (l'écriture japonaise ne comporte pas d'espaces) et devront probablement prononcer la plupart des mots individuellement pour les comprendre, car ils sont tellement habitués à lire avec les kanji. Mais c'est possible. Cependant, si vous voulez un jour vous rendre au Japon et comprendre les panneaux et les indications, si vous voulez un jour écrire quelque chose qui soit facile à lire et à comprendre, si vous voulez un jour lire une seule phrase dans cette langue, vous allez devoir étudier.

LA LECTURE (POUR APPRENDRE LES KANJI)

Certains puristes du japonais vous diront peut-être que, comme la méthode d'immersion pour apprendre la composante orale d'une langue, plutôt que d'étudier des programmes, vous feriez un meilleur usage de votre temps en vous plongeant dans un contenu écrit tel qu'un journal et en cherchant chaque mot que vous rencontrez jusqu'à ce que vous commenciez à le comprendre. Bien que cela soit théoriquement possible une fois que vous avez une connaissance de base de la grammaire et des deux syllabaires, la plupart du temps, cela ne fera que vous frustrer et vous donner des crampes aux doigts à force de chercher tant de kanji à la main. Comme indiqué précédemment, le fait de lire simplement est la meilleure façon d'apprendre à lire le japonais, mais seulement après avoir acquis des bases suffisantes dans la langue pour ne devoir chercher que quelques mots par ligne. Il y aura des apprenants japonais qui feront exception à cette règle et qui seront prêts et suffisamment dévoués pour essayer de lire des journaux jour après jour, et je suis sûr qu'ils obtiendront d'excellents résultats avec suffisamment de temps, mais pour la plupart, je recommande d'attendre ne serait-ce que quelques mois avant de plonger dans le contenu écrit quotidien pour adultes.

DANS QUEL ORDRE APPRENDRE LES KANJI

En général, les cours de kanji, les applications et les livres d'étude présentent les caractères dans l'un des quatre ordres principaux, chacun d'entre eux se chevauchant largement. Les caractères de ces livres seront souvent ordonnés selon la façon dont les kanji sont enseignés aux enfants dans les écoles primaires japonaises, depuis les mots qui constituent les éléments de base du sens et de la conversation (personnes, son, main, maison, enfant, manger, boire, vivre, etc.) jusqu'aux mots plus abstraits et peu communs à mesure que les enfants grandissent. Certains guides d'exercices adoptent une approche plus statistique et enseignent les caractères dans l'ordre, des kanji les plus courants aux caractères les plus rares. Dans le même ordre d'idées, certains sont classés des kanji les plus simples (一, ichi, signifiant 1) aux caractères les plus compliqués et les plus denses, avec des nombres de traits (en fait, le nombre de fois que le stylo effectue un nouveau trait lors de l'écriture du caractère) de l'ordre de 20.

Et bien sûr, de nombreux supports d'étude, comme ce livre, basent leur liste de kanji sur le test de compétence en langue japonaise, la mesure standardisée mondiale de la capacité d'un locuteur non natif dans la langue. Bien que l'organisation du JLPT ne publie pas de liste officielle des caractères qui figureront ou non dans ses tests, après de nombreuses années de tests, les instructeurs ont élaboré un guide précis des caractères susceptibles de figurer dans un niveau donné du JLPT, de N5 (compétence de base) à N1 (compétence de niveau natif ou quasi-natif). Bien que toutes ces méthodes de classement diffèrent légèrement, comme indiqué précédemment, elles sont toutes, pour la plupart, classées des kanji les plus basiques (en termes de signification et de nombre de traits) aux plus avancés.

QU'EST-CE QU'UN RADICAL ?

Le terme "radicaux" désigne les éléments constitutifs indivisibles des kanji, c'est-à-dire les petits ensembles de traits qui sont assemblés différemment pour former chaque caractère. Par exemple, le caractère 魑, qui signifie "démons de la montagne", semble à première vue bien trop compliqué pour être écrit soi-même et nécessite un total de 20 traits pour être écrit, un kanji d'une densité déconcertante même pour les locuteurs natifs. Cependant, si vous le voyez comme un arrangement de radicaux standardisés, une collection de petits composants simples (田, 儿, ム, 亠, 凵, et 内) mis ensemble, il devient beaucoup plus facile à conceptualiser. Avec certains de ces mêmes composants, nous pouvons fabriquer le kanji 充 (" assez "), un caractère ayant les mêmes parties constitutives mais une signification complètement différente.

APPRENDRE LES KANJI À PARTIR DES RADICAUX

Certains cahiers d'exercices proposent une méthode plus avancée d'apprentissage et de mémorisation des kanjis, en classant les kanjis selon leurs composantes de sens, une classe spéciale de radicaux. Les composantes de sens sont les composantes du kanji qui se trouvent (généralement) à gauche du caractère et qui donnent un indice sur la signification du kanji. Au fur et à mesure que vous apprenez des kanji, vous pouvez commencer à voir un modèle, comme par exemple les caractères 汁 , 沖 , 沈 et 渚 qui partagent tous ces trois petits points sur leur gauche. C'est parce que ces trois points sont censés représenter des gouttes d'eau, et que la signification de chacun de ces caractères (bouillon, pleine mer, naufrage et rivage, respectivement) a quelque chose à voir avec l'eau ou la liquidité dans un sens plus abstrait. Ces radicaux, dont le nombre est traditionnellement de 214, permettent de classer les caractères dans un dictionnaire de kanji et peuvent être des indices très utiles sur la signification d'un caractère, en particulier si vous connaissez déjà l'autre caractère d'un mot dans lequel il se trouve.

Parmi les autres radicaux courants utilisés comme composants de sens que vous retrouverez rapidement dans votre parcours japonais, citons 月 ("lune"), 火 ("feu"), 木 ("bois"), 金 ("métal") et 土 ("sol"), qui sont tous des noms de jours de la semaine également. Quelques radicaux, comme 月 (tsuki, lune), ont une signification complètement différente lorsqu'ils sont utilisés comme radical dans un kanji. Dans le cas de 月, c'est parce que lorsqu'il est utilisé comme radical, il est une version simplifiée de 肉 (niku, viande) et indique que la signification a quelque chose à voir avec la chair. Toutefois, quand vous aurez appris ces quelques particularités et compris environ 50 radicaux, ce qui arrivera bien plus tôt que vous ne le pensez, vous aurez un indice gratuit sur un grand pourcentage des nouveaux kanji que vous rencontrerez, juste comme ça !

COMPOSANTS SONORES

Bien que les composantes ayant un sens se trouvent généralement sur le côté gauche d'un kanji, on trouve sur le côté droit ce que l'on appelle la composante sonore. La plupart des kanji ont un radical qui donne une indication sur la signification et une composante sonore qui donne une indication sur le son, et qui différencie le caractère des autres ayant la même composante de signification. Il convient de noter que la composante sonore ne donne qu'un indice sur la lecture empruntée à la Chine, l'onyomi, et non sur la lecture japonaise du caractère (également appelée kunyomi), s'il y en a une.

Par exemple, une composante sonore commune à retenir est dérivée du caractère 方 (signifiant " direction/côté ", avec onyomi lisant hou). Ce caractère fait allusion au son de chacun de ces caractères : 肪 (bou), 枋 (hou), 彷 (hou), 訪 (hou), 防 (bou), et bien d'autres encore. Comme vous pouvez le voir avec ceux qui sont lus comme bou, ce système n'est pas parfait, mais la plupart du temps, si l'onyomi n'est pas le même que le caractère dont la composante sonore est dérivée, il aura au moins la consonne ou la voyelle en commun.

CHANGEMENTS SONORES ENTRE LE CHINOIS ET LE JAPONAIS

Comme nous l'avons dit, le chinois et le japonais ne sont pas des langues génétiquement liées (c'est-à-dire qu'elles ne sont pas issues d'une langue ancestrale commune). Cependant, à l'instar de l'anglais et du français, les milliers d'années d'échanges culturels entre les deux civilisations font que de nombreux mots en chinois et en japonais, en particulier ceux qui décrivent des concepts et des processus plus complexes, ont parfois une consonance assez similaire.

Par exemple, en chinois mandarin moderne, le mot désignant la montagne se prononce shān et s'écrit 山. De même, en japonais, 山 est lu comme "yama" dans la prononciation japonaise native, mais lu comme "san", très similaire au chinois, lorsqu'il est attaché à la fin du nom d'une montagne, de la même manière que nous disons "Mt. ____" en anglais. Ainsi, si nous voulions écrire "Mont Helena" en japonais, ce serait "ヘレナ山", lu comme "herena-san". Les changements de ce type sont très courants en japonais, et toute personne ayant une connaissance même sommaire du chinois aura une longueur d'avance

LECTURE DES KANJI : KUN'YOMI ET ON'YOMI

Comme indiqué précédemment, chaque caractère kanji japonais a au moins une prononciation, mais la plupart d'entre eux ont au moins deux façons de se prononcer, l'une étant ce que l'on appelle une lecture kun'yomi, et l'autre une lecture on'yomi. Le kun'yomi est utilisé pour écrire des mots japonais à l'aide de caractères chinois, en utilisant la prononciation japonaise. En revanche, l'on'yomi est la prononciation que le caractère avait à l'origine en chinois, avec des modifications pour correspondre à l'ensemble des phonèmes du japonais (tous les sons qui composent la langue). Pour cette raison, le on'yomi est le plus souvent utilisé lorsque le kanji est placé juste à côté d'un autre kanji dans le même mot, car le mot entier a probablement été emprunté à l'origine à un mot chinois.

Ainsi, on peut considérer qu'un kanji n'a (généralement) qu'une seule lecture, le on'yomi, qui signifie même "lecture du son", tandis que le kun'yomi, qui signifie approximativement "lecture du sens", est destiné à représenter un mot japonais natif comme une sorte de raccourci visuel.

Le choix de l'une ou l'autre de ces lectures est l'une des parties de la langue les plus difficiles à appréhender pour les apprenants japonais. Il s'agit en grande partie d'une chose qui demande simplement du temps pour se souvenir de la lecture pour chaque phrase ou contexte dans lequel se trouve un personnage. Cependant, il existe quelques règles générales pour savoir quand utiliser l'un ou l'autre. Comme mentionné précédemment, si deux kanji sont ensemble dans le même mot, il y a une très forte probabilité que les deux caractères soient lus par leur son on'yomi. Si le kanji est seul, ou à côté d'un hiragana, il sera probablement lu avec sa version kun'yomi. Pour vous en souvenir, notez que lorsque le kanji se trouve à côté de caractères empruntés au chinois (c'est-à-dire d'autres kanji), il utilisera la lecture empruntée au chinois, mais lorsque le kanji se trouve à côté de caractères japonais natifs (c'est-à-dire des hiragana), il utilisera la prononciation japonaise native. En outre, les noms japonais de personnes et de lieux utilisent presque toujours le kun'yomi. Évidemment, comme pour toute règle linguistique, ces règles comportent de nombreuses exceptions qui nécessiteront malheureusement beaucoup de pratique pour les mémoriser. Certains mots utilisent parfois le même caractère mais ont une signification différente selon si vous utilisez le on'yomi ou le kun'yomi ! Mais avec le temps, tout commencera à avoir un sens, et les règles de base que j'ai énoncées vous mèneront triomphalement à travers un grand pourcentage des mots que vous rencontrerez.

L'ORDRE DES TRAITS

Quand on écrit les kanji, chaque caractère a une méthode spécifique d'écriture qui constitue la manière "correcte" de l'écrire. C'est ce qu'on appelle l'ordre des traits (ou "coups"). Ne vous en faites pas trop, cependant, car il existe des règles simples à suivre qui vous permettront de vous familiariser avec tous les kanji utilisés dans la vie quotidienne et au-delà, et qui peuvent même vous aider à vous souvenir de kanji que vous auriez autrement oubliés. Vous vous souvenez des radicaux, que nous avons vus précédemment ? Ces petits composants sont particulièrement importants pour comprendre l'ordre des traits sans trop de convolution. Pour faire simple, chaque radical est écrit dans un ordre spécifique, cet ordre étant (presque) toujours de gauche à droite et de haut en bas. De la même manière, les kanji s'écrivent radical par radical, de gauche à droite et de haut en bas. Si vous vous souvenez de notre discussion sur les composantes du sens et les composantes du son, cela signifie que vous écrirez d'abord la composante du sens, qui se trouve à gauche, puis la composante du son, qui se trouve généralement à droite. Comme je le dis toujours, Il y a des exceptions à cette règle, comme la composante de sens 辶 ("route" ou "progression"), qui est généralement le dernier radical à être écrit dans un kanji, mais ces règles vous permettront d'écrire sans problème environ 90 % des caractères de la langue.

De la même façon que la mémorisation des radicaux vous aidera à lire et à comprendre les kanji, la mémorisation de l'ordre des traits vous aidera à vous souvenir de la façon d'écrire les kanji, car elle vous permet de voir non pas un fouillis de lignes et de tirets, mais un symbole cohérent avec une façon standard et régulière d'en produire un vous-même qui est le même que celui de tout le monde. L'ordre correct des traits est également un élément essentiel d'une bonne écriture, car il est très difficile de conserver le bon équilibre et la bonne taille de chaque trait si vous l'écrivez au hasard, dans l'ordre que vous voulez. De plus, à l'ère moderne, l'ordre des traits est très important lorsque l'on dessine un caractère sur un écran tactile, pour rechercher la lecture d'un kanji dans un livre par exemple. Pour des raisons mentionnées précédemment, comme le fait que la composante de sens est souvent écrite en premier, les ordinateurs tiennent compte de l'ordre des traits pour reconnaître le caractère que vous dessinez sur l'écran. Si vous écrivez dans un ordre incorrect, il y a beaucoup moins de chances que le processeur reconnaisse le caractère correct que vous cherchez. Il faut donc être particulièrement attentif à cet aspect lorsque vous étudiez sur un smartphone.

POINTS ET TIRETS : ÉCRIRE LES KANJI SOI-MÊME

Voilà, c'est tout. Un résumé complet de l'histoire et du guide d'apprentissage de cette partie de la langue japonaise, à la fois belle et difficile. Vous possédez maintenant une connaissance considérable des nombreux éléments qui composent la forme, le son et la signification de chaque caractère : "Alors comment puis-je les écrire par moi-même ?"

Certes, l'art de la calligraphie japonaise est pour certains le fruit d'un parcours de toute une vie, et tout comme les maîtres calligraphes, vous n'obtiendrez pas une écriture parfaite du jour au lendemain. Cependant, ces directives et principes de base vous aideront sur la voie de caractères parfaitement équilibrés et magnifiques !

Comme pour de nombreux systèmes d'écriture, beaucoup de kanji sont très similaires les uns aux autres, et leur signification peut changer complètement en fonction de petites différences. Par exemple, vous avez peut-être déjà remarqué la ressemblance entre un "f" minuscule et un "t" minuscule ? Comme en français, plutôt que la taille absolue, ces différences sont reconnues dans les longueurs relatives des traits par rapport aux autres dans le caractère. Par exemple, deux kanji que vous rencontrerez assez tôt dans ton étude, 土 (DO, "sol") et 士 (SHI, "guerrier") se différencient uniquement par celui des deux traits qui est le plus long, comme on peut le voir. C'est également le cas de 未 (MI, "pas encore") et 末 (MATSU, "fin"), deux autres caractères communs. Heureusement, les concepts représentés par ces kanji sont tous suffisamment différents pour que vous ne risquiez que rarement de confondre quelqu'un si vous écrivez accidentellement le mauvais, mais garder la trace des longueurs de chaque trait par rapport aux autres dans chaque caractère que vous rencontrez est un moyen rapide de commencer à écrire des kanji plus équilibrés et plus précis.

Par ailleurs, il est important de laisser de l'espace vide dans certains caractères plutôt que de tout entasser pour obtenir une écriture soignée et lisible. Par exemple, 八, le caractère pour 8, commencerait rapidement à ressembler à 入 (hai-ru, "entrer") sans cet espace crucial au milieu où les traits sont séparés.

Ces conseils concernent surtout l'écriture des caractères tels qu'ils sont traditionnellement écrits, afin que votre écriture n'ait pas l'air artificielle. En écrivant, faites toujours attention aux traits qui se rencontrent et à la façon dont ils se croisent. Lorsque deux traits se touchent, soit ils se croisent et un trait dépasse de l'autre, soit ils forment un T sans rien dépasser.

Par exemple, le caractère 止 (to-meru, "arrêt") a tous ses traits qui se heurtent les uns aux autres, mais aucun d'entre eux ne continue au-delà de la ligne qu'il touche. Comparez cela au caractère 生 (SEI, "vie"), qui a de nombreux traits qui se croisent. En revanche, pour les traits qui ne se croisent pas, lorsqu'on arrive à la fin d'un trait, il y a trois façons principales de le terminer. Il y a le point final, où votre stylo ou votre pinceau s'arrête complètement à la fin du trait. En regardant 止, nous pouvons voir que chaque trait se termine par un point. Par contre, un trait de pinceau persistant s'estompe au fur et à mesure que vous appliquez moins de pression sur la longueur du trait. Les caractères avec des lignes diagonales vers le bas comme 大, 人, 木, 本, etc. utilisent tous cette ligne persistante. La dernière des façons courantes de voir les traits se terminer est par une courbe ou un crochet. Les crochets sont plus ou moins explicites, parfois lorsqu'un trait se termine, il s'accroche vers le bas ou vers le haut à un angle presque droit par rapport à la ligne originale. Ce crochet est très accentué dans les kanji avec le radical " hallebarde ", comme 戈, 式, ou 代, comme vous pouvez le voir, mais il est également présent dans le côté droit du " chapeau " dans 学 (GAKU, " apprentissage ").

Les traits incurvés apparaîtront le plus souvent par paires au bas des caractères, l'un allant dans chaque direction. Quelques exemples : 兵, 穴, et 典. En matière d'écriture, la courbe de gauche sera souvent plus courte et plus droite, la courbe de droite étant moins anguleuse et mettant plus de temps à s'effacer de la page. Une variante courante de ce motif à deux courbes en bas comporte un crochet à l'extrémité, comme dans 見 ou 兄.

Désormais, vous pouvez vous lancer en toute confiance dans l'étude des kanji avec une bonne longueur d'avance sur les règles et les traditions du système d'écriture. La connaissance des radicaux et des moyens mnémotechniques donne un coup de pouce à la mémorisation, les composantes sonores vous donneront parfois un raccourci si vous savez comment la composante sonore est prononcée, et votre connaissance de l'ordre des traits et des directives d'écriture vous permettra d'apprendre et d'écrire de beaux caractères dès le premier jour. Bonne chance et 頑張りましょう (faites de votre mieux) !

Partie 2

TABLEAUX HIRAGANA ET KATAKANA

Ce tableau contient les 46 Hiragana de base avec une orthographe en Romaji pour un son phonétique similaire. Les voyelles sont en haut et leurs homologues consonantiques sont en bas. **Notez l'exception 'n' - aussi, *wo est un kana peu commun.*

Sons voyelles

	a	i	u	e	o
	あ a	い i	う u	え e	お o
k	か ka	き ki	く ku	け ke	こ ko
s	さ sa	し shi	す su	せ se	そ so
t	た ta	ち chi	つ tsu	て te	と to
n	な na	に ni	ぬ nu	ね ne	の no
h	は ha	ひ hi	ふ fu	へ he	ほ ho
m	ま ma	み mi	む mu	め me	も mo
y	や ya		ゆ yu		よ yo
r	ら ra	り ri	る ru	れ re	ろ ro
w	わ wa		ん **n		を *wo

Consonnes

DIACRITIQUES

En plus du Hiragana de base, il y a 25 symboles diacritiques qui sont utilisés pour les syllabes de même son qui sont prononcées différemment. Ce sont essentiellement les mêmes symboles de base, mais avec des marques supplémentaires pour indiquer qu'elles doivent être prononcées avec un son légèrement différent :

Basique　　　　　　　avec Dakuten　　　　　avec Handakuten

Les Hiragana de base avec ces petits traits (Dakuten) ou un cercle (Handakuten) placé au-dessus montrent que la partie consonante du son doit être modifiée à l'oral :

- **Les sons k sont prononcés avec un son g.**
- **Les sons s se transforment en sons z (sauf pour し).**
- **Les sons t deviennent des sons d.**
- **les sons h deviennent des sons b avec Dakuten.**
  ...ou des sons P avec le Handakuten.

	a	i	u	e	o
k ▶ g	が ga	ぎ gi	ぐ gu	げ ge	ご go
s ▶ z	ざ za	じ ji	ず zu	ぜ ze	ぞ zo
t ▶ d	だ da	ぢ dzi (ji)	づ dzu	で de	ど do
h ▶ b	ば ba	び bi	ぶ bu	べ be	ぼ bo
h ▶ p	ぱ pa	ぴ pi	ぶ pu	ぺ pe	ぽ po

DIGRAPHS

This set of symbols are called **Digraphs** - using two basic characters we have already seen, they show where two syllable sounds are combined to create a new one:

き + や = きゃ

(ki)　(ya)　(kya)

When writing these letters, it is vital that the second symbol is drawn noticeably smaller than the first. This is how we can tell that the two sounds should be combined.

Pronunciation of these so-called *compound Hiragana* sounds is quite simple - for example, き (ki) + や (ya) becomes きゃ (kya) and we pronounce it like 'kiya' *without the 'i' sound*.

Don't let the chart below scare you - all of the Digraphs are made *exclusively* with letters from the い/i column *(excluding itself)* **and** they are only modified by letters from row **Y**!

きゃ	きゅ	きょ		ぎゃ	ぎゅ	ぎょ
kya	kyu	kyo		gya	gyu	gyo
しゃ	しゅ	しょ		じゃ	じゅ	じょ
sha	shu	sho		ja	ju	jo
ちゃ	ちゅ	ちょ		にゃ	にゅ	にょ
cha	chu	cho		nya	nyu	nyo
ひゃ	ひゅ	ひょ		びゃ	びゅ	びょ
hya	hyu	hyo		bya	byu	byo
ぴゃ	ぴゅ	ぴょ		りゃ	りゅ	りょ
pya	pyu	pyo		rya	ryu	ryo
みゃ	みゅ	みょ				
mya	myu	myo				

CONSONNES DOUBLES

Il convient aussi de noter que certains mots japonais contiennent un double son consonantique. Lorsque nous écrivons ces mots, nous ajoutons un symbole supplémentaire sous la forme d'un petit つ/tsu (appelé sokuon) pour montrer qu'il doit être prononcé différemment. Voici un exemple :

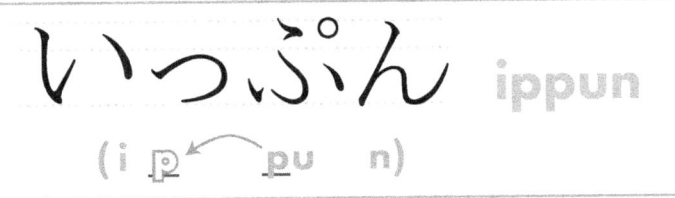

Sans le petit つ (tsu), le mot いぷん (ipun) n'a pas de sens mais いっぷん (ippun), avec le sokuon, signifie (une) minute.

Notez que le petit つ est placé avant le caractère dont il prend le son consonantique supplémentaire. Lorsque vous voyez des mots avec ce modificateur, la partie consonante du symbole qui le suit (dans cet exemple, le " p " de " pu ") est ajoutée à la fin du son qui le précède.

Les deux consonnes sont séparées lorsque le mot est prononcé, comme si l'on disait "ip-pun", mais sans laisser de vide audible.

LES SONS DES VOYELLES LONGUES

Tout comme il existe des consonnes doubles, nous devons également faire attention aux voyelles allongées (par exemple aa, ii. oo, ee et uu). À l'oral, on allonge simplement la durée du son (généralement double) mais à l'écrit, le son de la voyelle allongée est indiqué par un caractère supplémentaire (appelé chouon). Le caractère utilisé varie en fonction de la voyelle :

Voyelle	Extenseur
a	あ
i / e	い
u / o	う

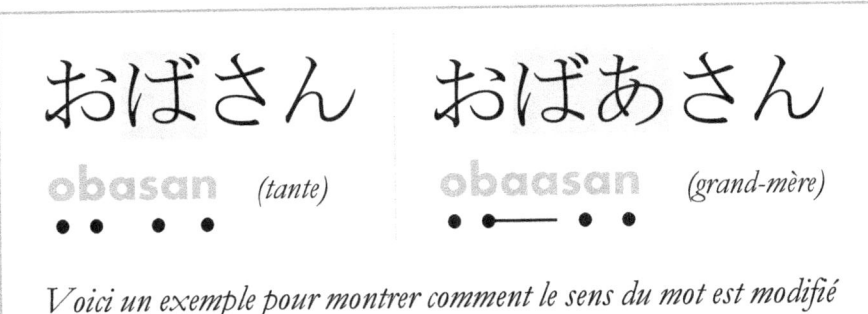

Voici un exemple pour montrer comment le sens du mot est modifié par l'ajout (ou l'absence) du son de la voyelle la plus longue !

La langue japonaise est pleine d'exceptions, mais elles ont tendance à être apprises avec l'expérience. Pour l'instant, il est juste utile d'être conscient des consonnes et voyelles doubles, afin de pouvoir comprendre quand vous en voyez une !

Ce tableau présente les 46 Katakana de base avec leur orthographe en Romaji pour un son phonétique équivalent. Les voyelles sont affichées en haut et les versions correspondantes avec les consonnes sont affichées en bas. **Notez l'exception 'n' - aussi, *wo est un kana peu commun.

Sons voyelles

	a	i	u	e	o
	ア a	イ i	ウ u	エ e	オ o
k	カ ka	キ ki	ク ku	ケ ke	コ ko
s	サ sa	シ shi	ス su	セ se	ソ so
t	タ ta	チ chi	ツ tsu	テ te	ト to
n	ナ na	ニ ni	ヌ nu	ネ ne	ノ no
h	ハ ha	ヒ hi	フ fu	ヘ he	ホ ho
m	マ ma	ミ mi	ム mu	メ me	モ mo
y	ヤ ya		ユ yu		ヨ yo
r	ラ ra	リ ri	ル ru	レ re	ロ ro
w	ワ wa		ン **n		ヲ *wo

Consonnes

Lorem ipsum

DIACRITIQUES

Tout comme pour les Hiragana, il existe 25 symboles diacritiques dans le Katakana. Ces symboles sont utilisés de la même manière, pour indiquer quand des syllabes de même sonorité doivent être prononcées différemment. De manière encore plus pratique, les repères pour montrer ce changement de son sont identiques :

Basique   *avec Dakuten*   *avec Handakuten*

Les règles relatives aux symboles diacritiques des Katakana fonctionnent de la même manière. Dakuten et Handakuten nous indiquent que la partie consonante du son doit être modifiée à l'oral :

- Les sons **k** sont prononcés avec un son **g**
- Les sons **s** se transforment en sons **z** (sauf pour し).
- Les sons **t** deviennent des sons **d.**
- les sons **h** deviennent des sons **b** avec Dakuten.
  ...ou des sons **P** avec le Handakuten.

	a	i	u	e	o
k ▸ g	ガ ga	ギ gi	グ gu	ゲ ge	ゴ go
s ▸ z	ザ za	ジ ji	ズ zu	ゼ ze	ゾ zo
t ▸ d	ダ da	ヂ dzi (ji)	ヅ dzu	デ de	ド do
h ▸ b	バ ba	ビ bi	ブ bu	ベ be	ボ bo
h ▸ p	パ pa	ピ pi	プ pu	ペ pe	ポ po

DIGRAPHES

Vous trouverez également les Digraphes pour les Katakana - une fois de plus, nous utilisons deux caractères de base pour montrer où deux sons de syllabes sont combinés pour en former un autre. Facile, non ?

キ + ヤ = キャ
(ki)　(ya)　　(kya)

Ces caractères ont les mêmes sons que les deux Hiragana correspondants. L'importance d'écrire le deuxième symbole plus petit que le premier reste valable.

La prononciation de ces sons Katakana dits composés est tout aussi simple - par exemple, キ (ki) + ヤ (ya) devient キャ (kya) et nous le prononçons comme "kiya" sans le son "i".

Ce tableau paraît complexe mais il suffit de se rappeler que les digraphes sont faits exclusivement avec des lettres de la colonne イ/i (à l'exclusion de lui-même) et modifiés par des lettres de la ligne Y !

キャ *kya*	キュ *kyu*	キョ *kyo*	ギャ *gya*	ギュ *gyu*	ギョ *gyo*
シャ *sha*	シュ *shu*	ショ *sho*	ジャ *ja*	ジュ *ju*	ジョ *jo*
チャ *cha*	チュ *chu*	チョ *cho*	ニャ *nya*	ニュ *nyu*	ニョ *nyo*
ニャ *hya*	ヒュ *hyu*	ヒョ *hyo*	ビャ *bya*	ビュ *byu*	ビョ *byo*
ピャ *pya*	ピュ *pyu*	ピョ *pyo*	リヤ *rya*	リュ *ryu*	リョ *ryo*
ミャ *mya*	ミュ *myu*	ミョ *myo*			

CONSONNES DOUBLES

Certains mots japonais comportant des katakana peuvent également contenir un son à double consonne. Ces mots comportent également le petit ツ / tsu (appelé sokuon) pour montrer qu'il doit être prononcé différemment. Examinons un autre exemple de katakana:

ペット   petto
(pe t ← to)

Sans le petit ツ (tsu), le mot ペト (peto) n'a pas de sens mais ペット (petto), avec le sokuon, signifie animal de compagnie - comme un hamster ou un chat !

Notez que le petit ツ est placé avant le caractère duquel il prend le son consonantique supplémentaire. Quand vous voyez des mots avec ce modificateur, la partie consonante du symbole qui le suit (dans cet exemple, le " t " de " to ") est ajoutée à la fin du son qui le précède.

Les deux consonnes doivent être entendues séparément lorsque le mot est prononcé, comme dire "pet-to" mais sans laisser d'espace que ce qui peut être entendu.

LES SONS DES VOYELLES LONGUES

Nous devons encore faire attention aux voyelles allongées (par exemple, aa, ii. oo, ée et uu). À l'oral, la durée du son est allongée (généralement doublée à nouveau) mais à l'écrit en katakana, nous utilisons un trait 一 (appelé 伸ばし棒, qui signifie littéralement " barre de ralonge ").

Ceci est l'une des façons dont les Katakana diffèrent des Hiragana, à part les formes, car ils utilisent un symbole de voyelle supplémentaire pour indiquer un son de voyelle longue. Examinons quelques exemples :

フ + リ = フリー   ケ + キ = ケーキ
(fu) (ri)—   fu-rii (gratuit)   (ke)— (ki)   kee-ki (gateau)

Il faut noter que la " barre de ralonge " est tournée vers une ligne verticale lorsque le texte est écrit verticalement.

Partie 3

N5 KANJI
ORDRE DES COUPS
DIAGRAMS

KANJI #	RADICAL	COUPS	SIGNIFICATION	UNICODE
0012	日	4	**jour, soleil, Japon, compteur de jours**	**65E5**

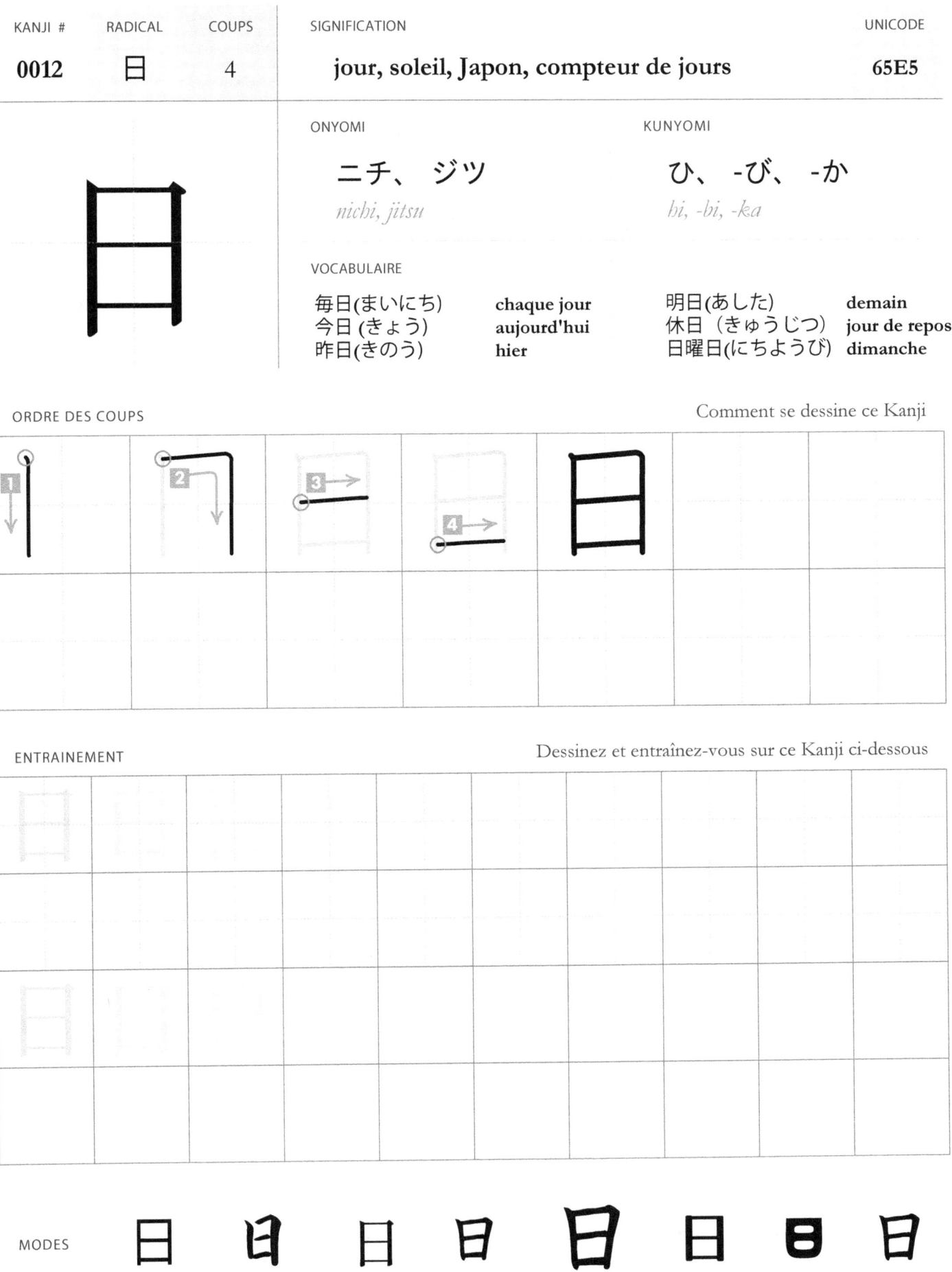

ONYOMI

ニチ、 ジツ

nichi, jitsu

KUNYOMI

ひ、 -び、 -か

hi, -bi, -ka

VOCABULAIRE

毎日(まいにち)　chaque jour
今日 (きょう)　aujourd'hui
昨日(きのう)　hier

明日(あした)　demain
休日 （きゅうじつ）　jour de repos
日曜日(にちようび)　dimanche

ORDRE DES COUPS

Comment se dessine ce Kanji

ENTRAINEMENT

Dessinez et entraînez-vous sur ce Kanji ci-dessous

MODES

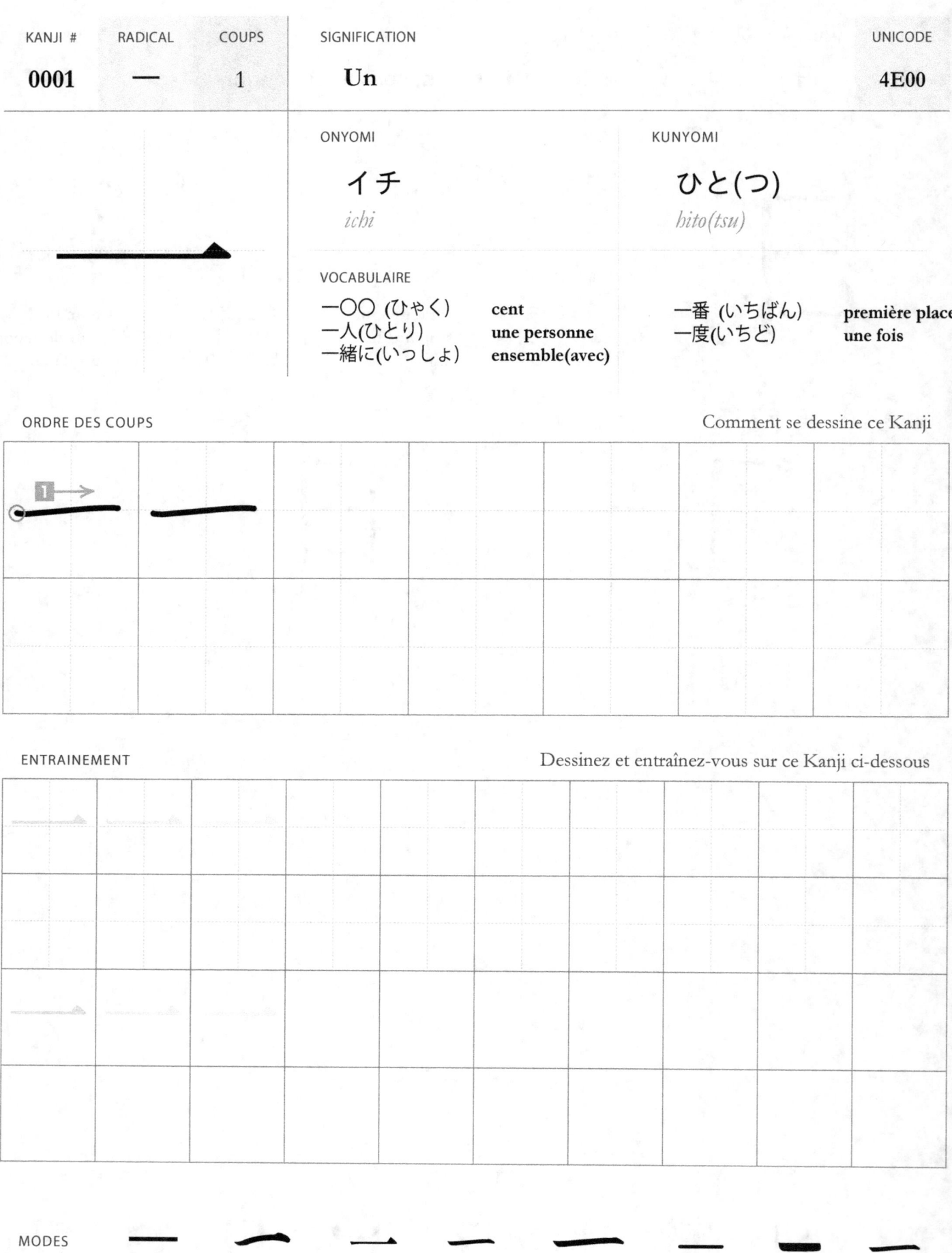

ONYOMI

イチ
ichi

KUNYOMI

ひと(つ)
hito(tsu)

VOCABULAIRE

一〇〇 (ひゃく)　cent
一人(ひとり)　une personne
一緒に(いっしょ)　ensemble(avec)

一番 (いちばん)　première place
一度(いちど)　une fois

ORDRE DES COUPS　　　　　　　　　Comment se dessine ce Kanji

ENTRAINEMENT　　　　　Dessinez et entraînez-vous sur ce Kanji ci-dessous

MODES

KANJI #	RADICAL	COUPS	SIGNIFICATION	UNICODE
0624	囗	8	**Pays**	**56FD**

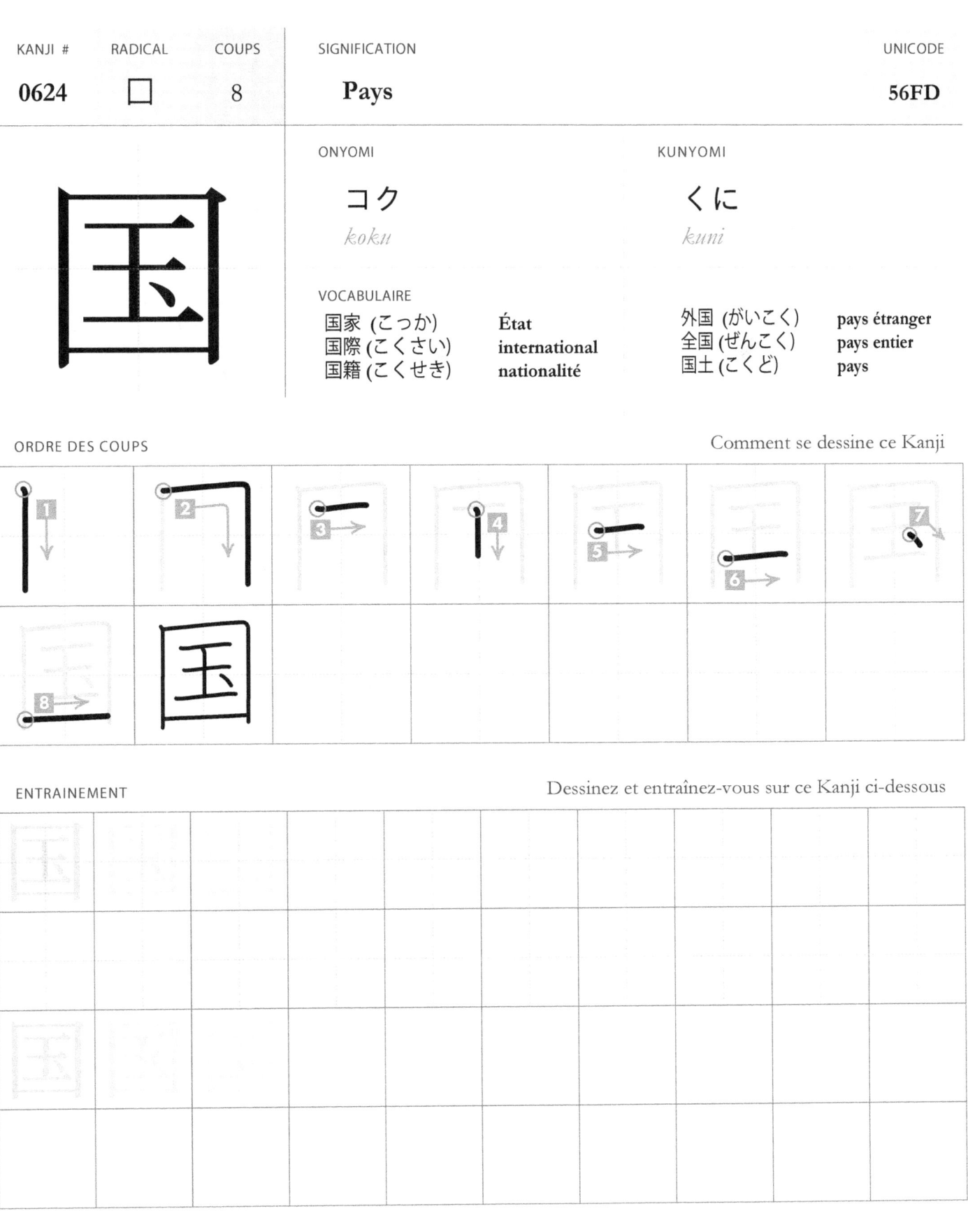

ONYOMI

コク
koku

KUNYOMI

くに
kuni

VOCABULAIRE

国家 (こっか)　　　État
国際 (こくさい)　　international
国籍 (こくせき)　　nationalité

外国 (がいこく)　　pays étranger
全国 (ぜんこく)　　pays entier
国土 (こくど)　　　pays

ORDRE DES COUPS

Comment se dessine ce Kanji

ENTRAINEMENT

Dessinez et entraînez-vous sur ce Kanji ci-dessous

MODES 　国　国　国　国　国　国　国　国

KANJI #	RADICAL	COUPS	SIGNIFICATION	UNICODE
0012	人	2	personne	4EBA

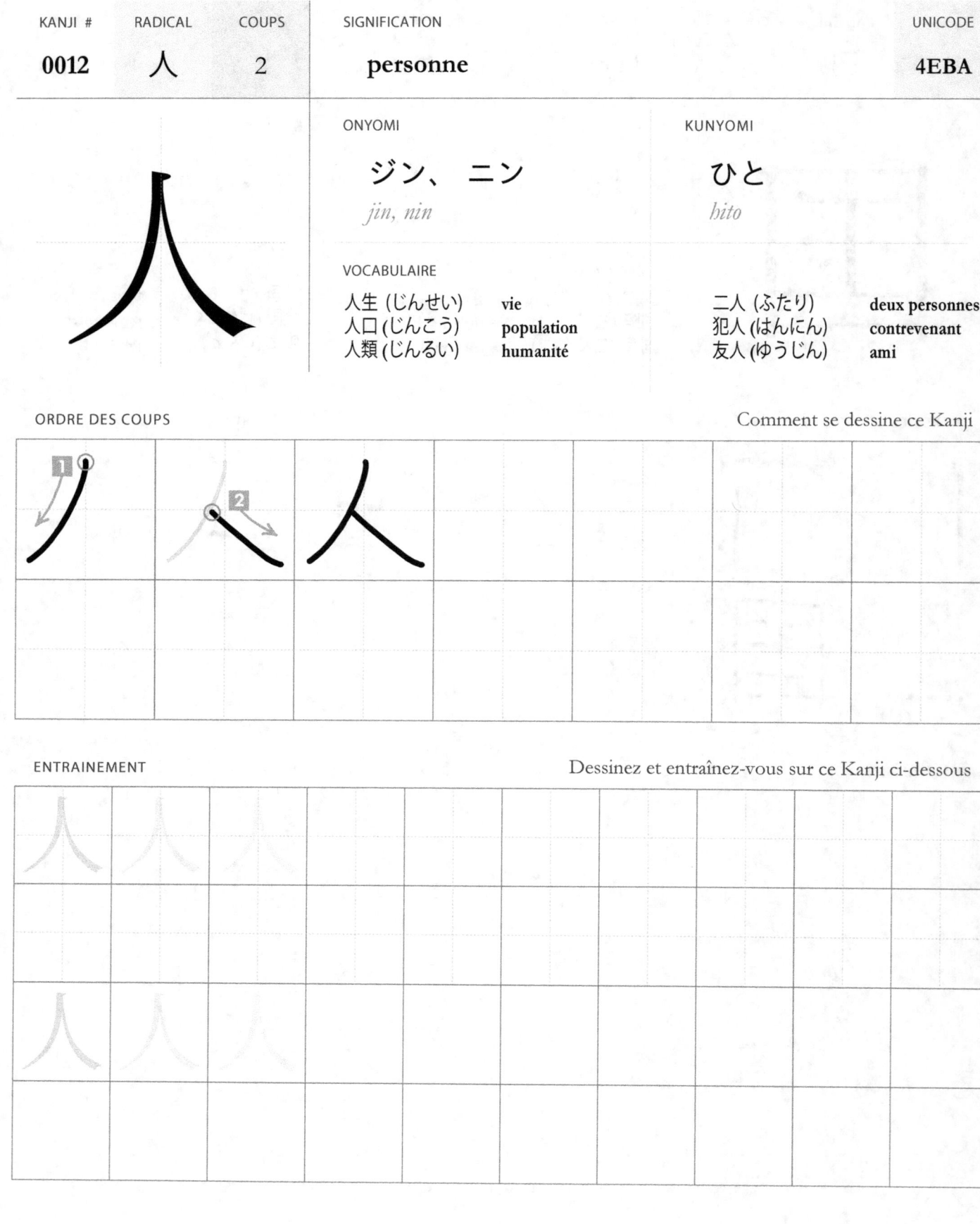

ONYOMI

ジン、ニン
jin, nin

KUNYOMI

ひと
hito

VOCABULAIRE

人生 (じんせい)　vie
人口 (じんこう)　population
人類 (じんるい)　humanité

二人 (ふたり)　**deux personnes**
犯人 (はんにん)　**contrevenant**
友人 (ゆうじん)　**ami**

ORDRE DES COUPS

Comment se dessine ce Kanji

ENTRAINEMENT

Dessinez et entraînez-vous sur ce Kanji ci-dessous

MODES 人 人 人 人 人 人 人 人

KANJI #	RADICAL	COUPS	SIGNIFICATION	UNICODE
1114	干	6	année, compteur d'années	5E74

年

ONYOMI

ネン
nen

KUNYOMI

とし
toshi

VOCABULAIRE

年齢 (ねんれい)	âge ; années	毎年 (まいとし)	chaque année
年月 (としつき)	mois et années	今年 (ことし)	cette année
年金 (ねんきん)	annuité ; pension	来年 (らいねん)	année suivante

ORDRE DES COUPS

Comment se dessine ce Kanji

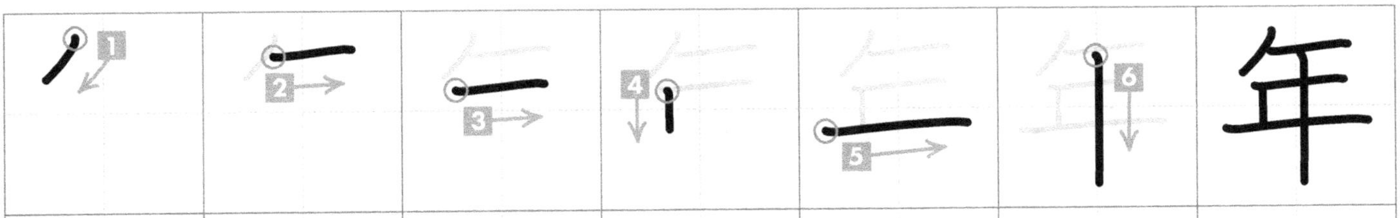

ENTRAINEMENT

Dessinez et entraînez-vous sur ce Kanji ci-dessous

MODES

年 年 年 年 年 年 年 年

KANJI #	RADICAL	COUPS	SIGNIFICATION	UNICODE
0112	大	3	**grand, gros**	5927

大

ONYOMI

ダイ、タイ
dai, tai

KUNYOMI

おお(きい)
oo(kii)

VOCABULAIRE

大人 (おとな)　　adulte
大きい (おお)　　grand ; grand
大会 (たいかい)　　convention

肥大 (ひだい)　　gonfler ; élargir
特大 (とくだい)　　très grand
絶大 (ぜつだい)　　énorme

ORDRE DES COUPS　　　　　　　　Comment se dessine ce Kanji

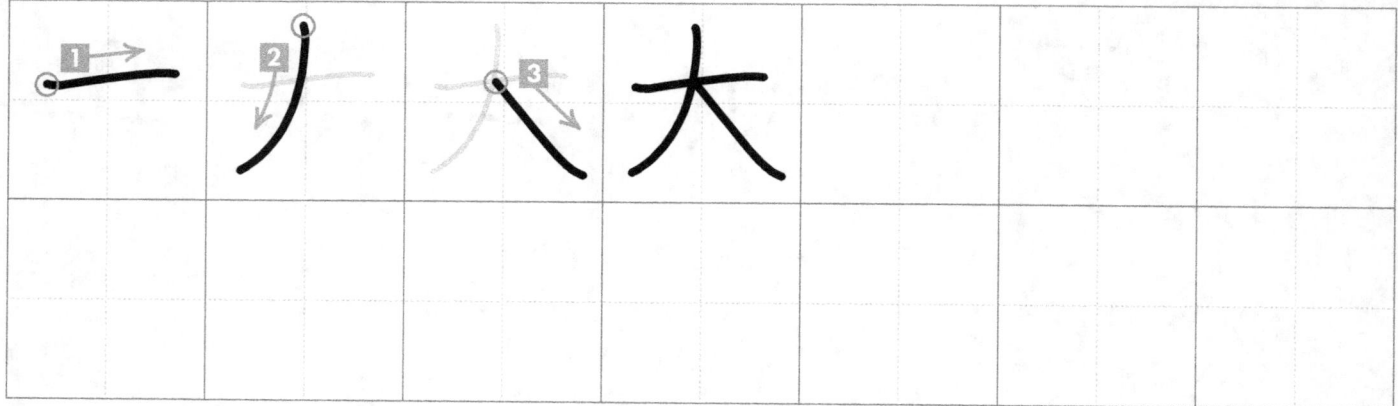

ENTRAINEMENT　　　　Dessinez et entraînez-vous sur ce Kanji ci-dessous

MODES　　大　**大**　大　大　**大**　大　★　大

| 0010 | 十 | 2 | **dix, 10** | **5341** |

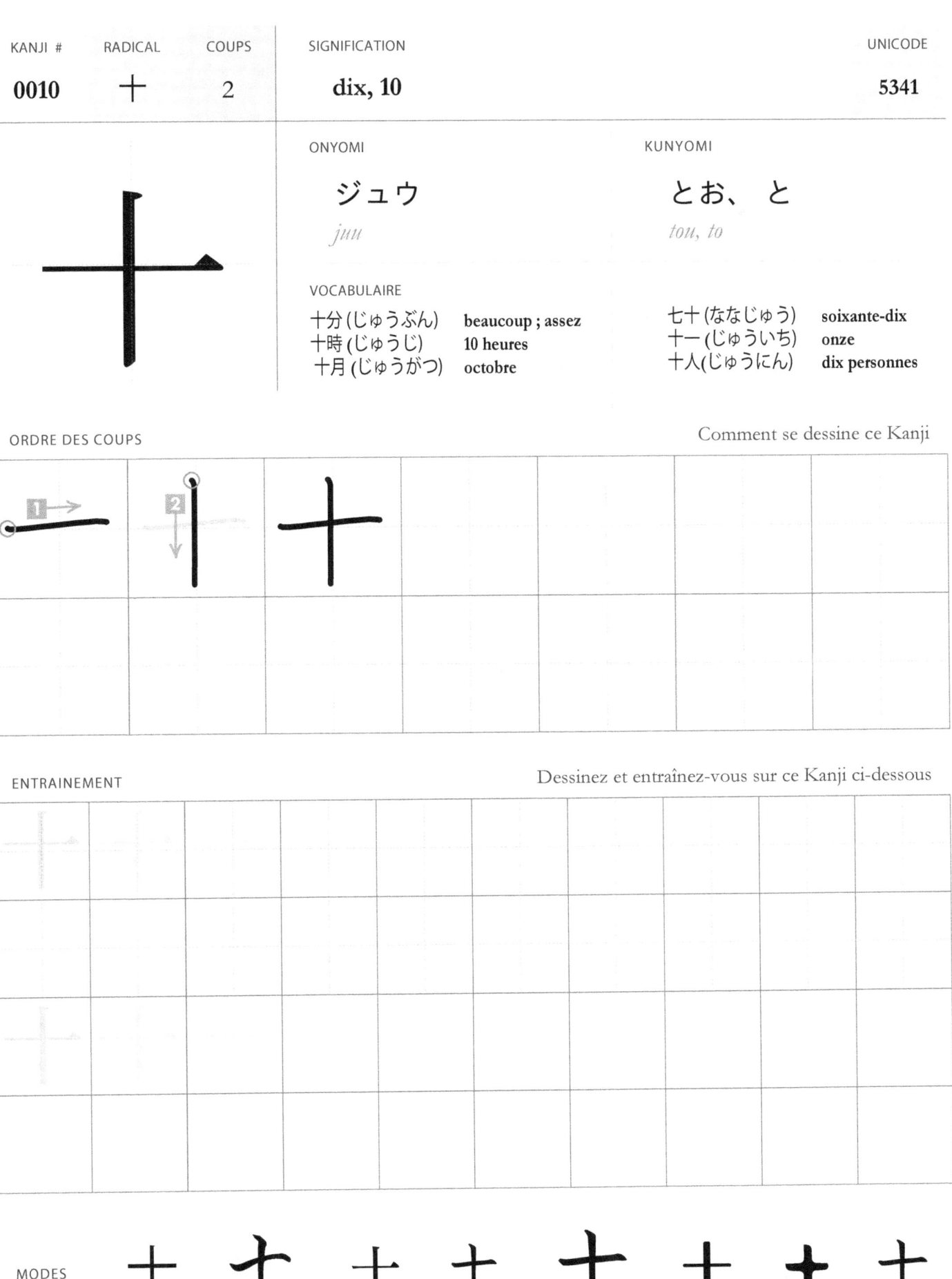

ONYOMI

ジュウ

juu

KUNYOMI

とお、と

tou, to

VOCABULAIRE

十分 (じゅうぶん) beaucoup ; assez
十時 (じゅうじ) 10 heures
十月 (じゅうがつ) octobre

七十 (ななじゅう) soixante-dix
十一 (じゅういち) onze
十人 (じゅうにん) dix personnes

ORDRE DES COUPS

Comment se dessine ce Kanji

ENTRAINEMENT

Dessinez et entraînez-vous sur ce Kanji ci-dessous

MODES

KANJI #	RADICAL	COUPS	SIGNIFICATION	UNICODE
0012	二	2	**deux, 2**	**4E8C**

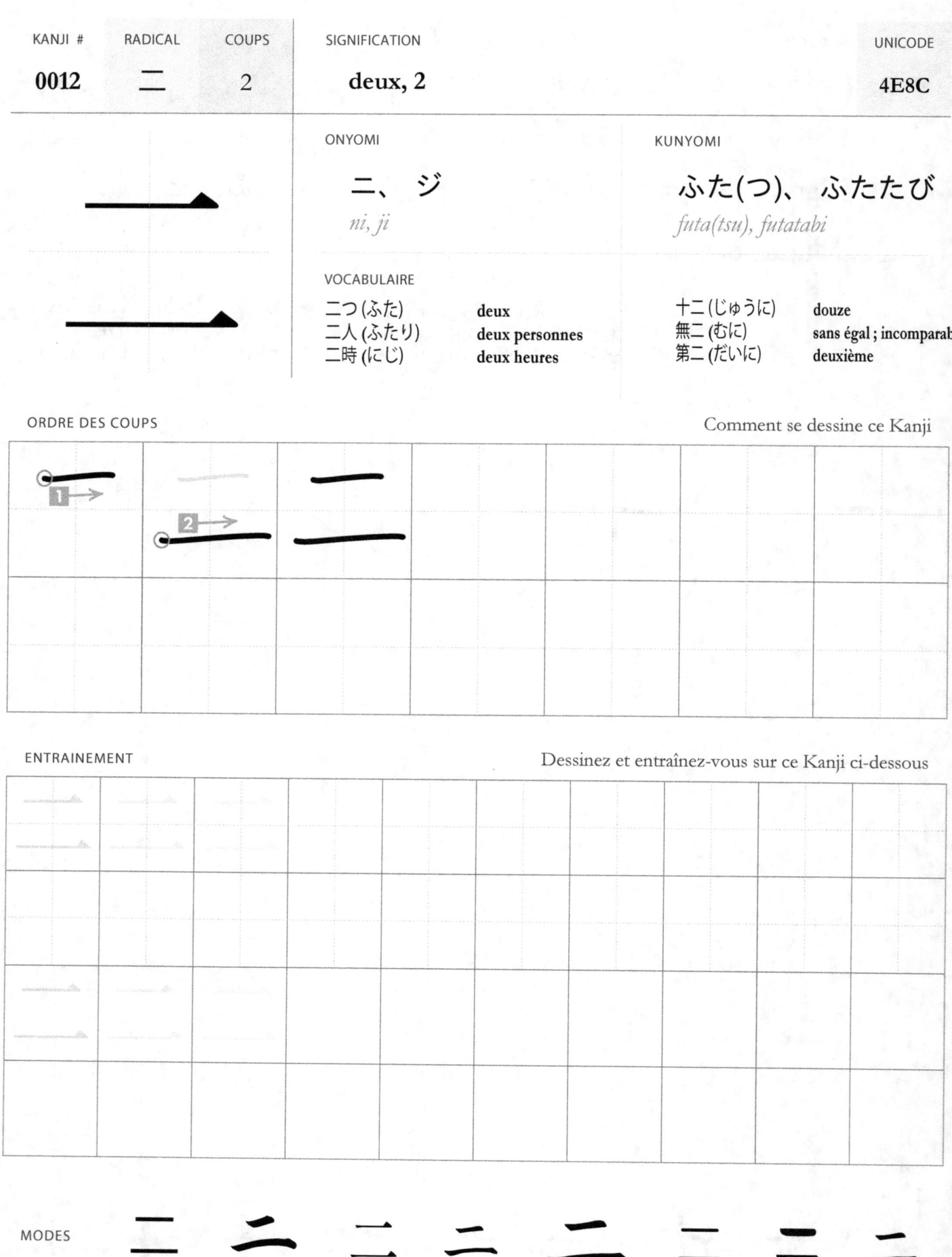

ONYOMI

二、ジ
ni, ji

KUNYOMI

ふた(つ)、ふたたび
futa(tsu), futatabi

VOCABULAIRE

二つ (ふた) — deux
二人 (ふたり) — deux personnes
二時 (にじ) — deux heures

十二 (じゅうに) — douze
無二 (むに) — sans égal ; incomparable
第二 (だいに) — deuxième

ORDRE DES COUPS

Comment se dessine ce Kanji

ENTRAINEMENT

Dessinez et entraînez-vous sur ce Kanji ci-dessous

MODES

KANJI #	RADICAL	COUPS	SIGNIFICATION	UNICODE
0224	木	5	livre, présent, vrai, compteur pour cylindres longs	672C

本

ONYOMI

ホン
hon

KUNYOMI

もと
moto

VOCABULAIRE

本来 (ほんらい)　à l'origine ; principalement
本名 (ほんみょう)　nom réel
本日 (ほんじつ)　aujourd'hui

日本 (にほん)　Japon
基本 (きほん)　fondation ; base
手本 (てほん)　cahier d'exercices

ORDRE DES COUPS

Comment se dessine ce Kanji

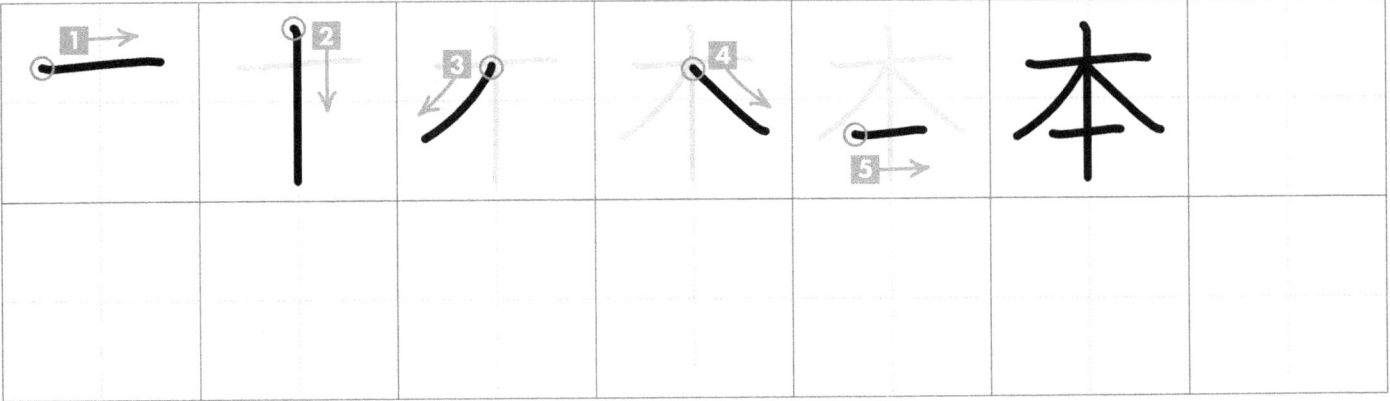

ENTRAINEMENT

Dessinez et entraînez-vous sur ce Kanji ci-dessous

MODES　本　本　本　本　本　本　本　本

KANJI #	RADICAL	COUPS	SIGNIFICATION	UNICODE
0039	｜	4	**dans, à l'intérieur, au milieu, moyen, centre**	**4E2D**

中

ONYOMI

チュウ
chuu

KUNYOMI

なか、 うち、 あた(る)
naka, uchi, ata(ru)

VOCABULAIRE

中国 (ちゅうごく)　Chine
中止 (ちゅうし)　suspension
中身 (なかみ)　contenu

途中 (とちゅう)　sur le chemin
集中 (しゅうちゅう)　concentration
市中 (しちゅう)　dans la ville

ORDRE DES COUPS

Comment se dessine ce Kanji

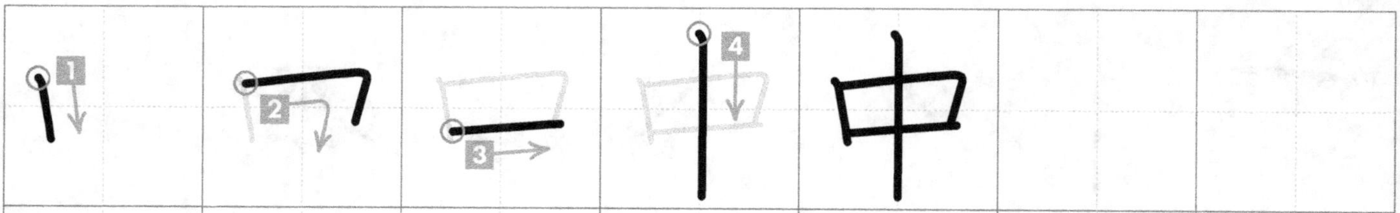

ENTRAINEMENT

Dessinez et entraînez-vous sur ce Kanji ci-dessous

MODES　中　中　中　中　中　中　中　中

KANJI #	RADICAL	COUPS	SIGNIFICATION	UNICODE
2070	長	8	longue, leader, supérieur, senior	9577

ONYOMI

チョウ

chou

KUNYOMI

なが(い)、 おさ

naga(i), osa

VOCABULAIRE

長年 (ながねん)　longue période
長期 (ちょうき)　long terme
長所 (ちょうしょ)　point fort

社長 (しゃちょう)　président d'entreprise
全長 (ぜんちょう)　longueur totale
機長 (きちょう)　pilote

ORDRE DES COUPS   Comment se dessine ce Kanji

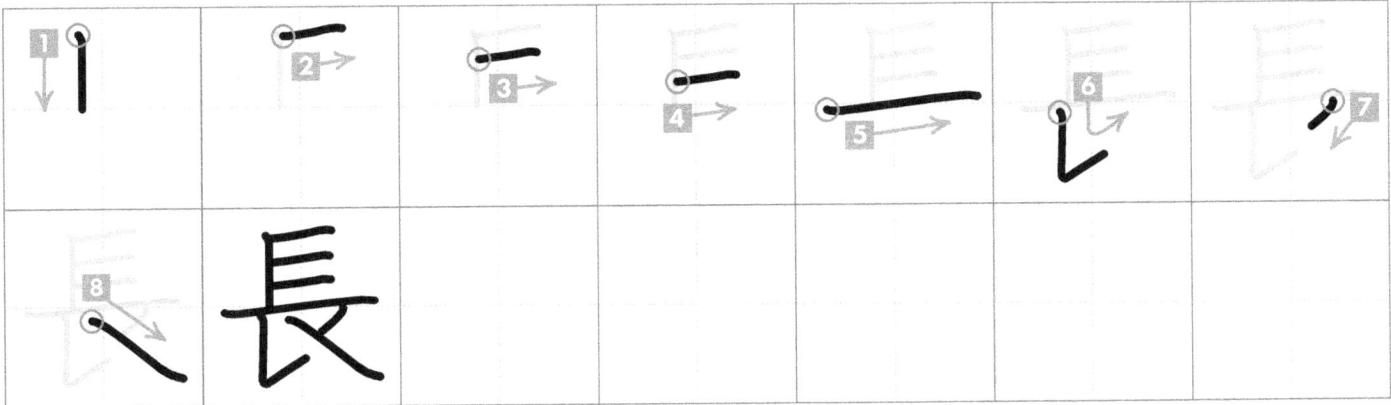

ENTRAINEMENT   Dessinez et entraînez-vous sur ce Kanji ci-dessous

MODES　　長　長　長　長　長　長　長　長

KANJI #	RADICAL	COUPS	SIGNIFICATION	UNICODE
0829	凵	5	sortie, quitter, sortir	51FA

出

ONYOMI

シュツ、スイ

shutsu, sui

KUNYOMI

で(る)、だ(す)、い(でる)

de(ru), da(su), i(deru)

VOCABULAIRE

出発 (しゅっぱつ) départ
出口 (でぐち) sortie
出版 (しゅっぱん) publication

見出し (みだ) rubrique
演出 (えんしゅつ) production
出来事 (できごと) incident

ORDRE DES COUPS

Comment se dessine ce Kanji

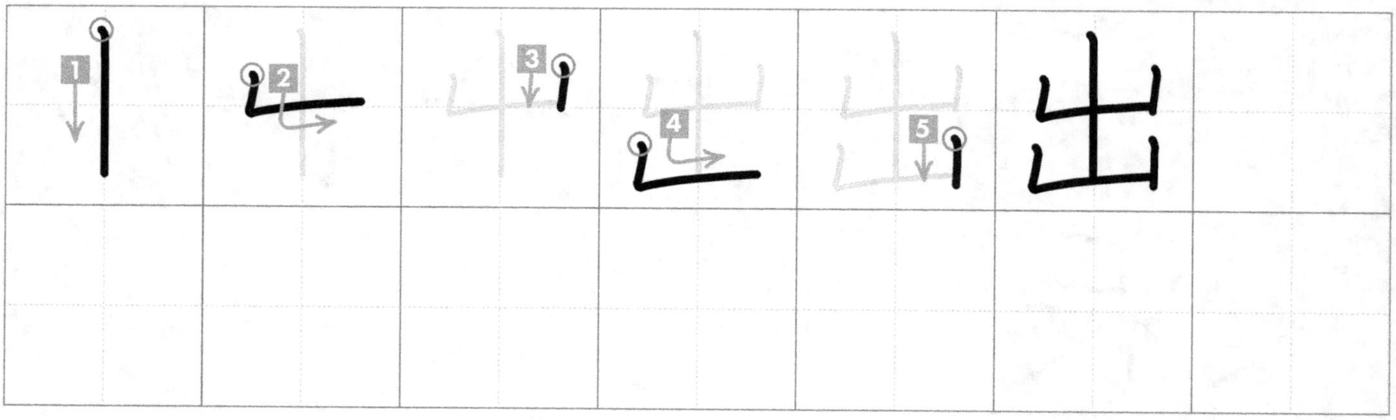

ENTRAINEMENT

Dessinez et entraînez-vous sur ce Kanji ci-dessous

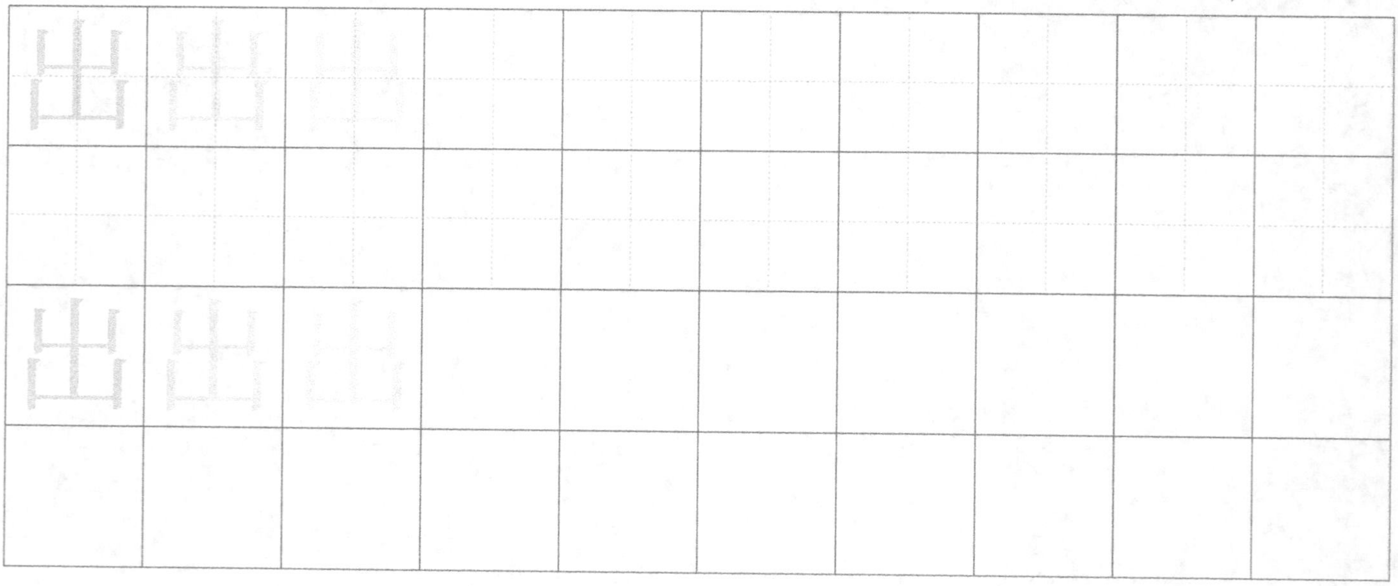

MODES 出 出 出 出 出 出 出 出

| 0003 | 一 | 3 | **trois, 3** | **4E09** |

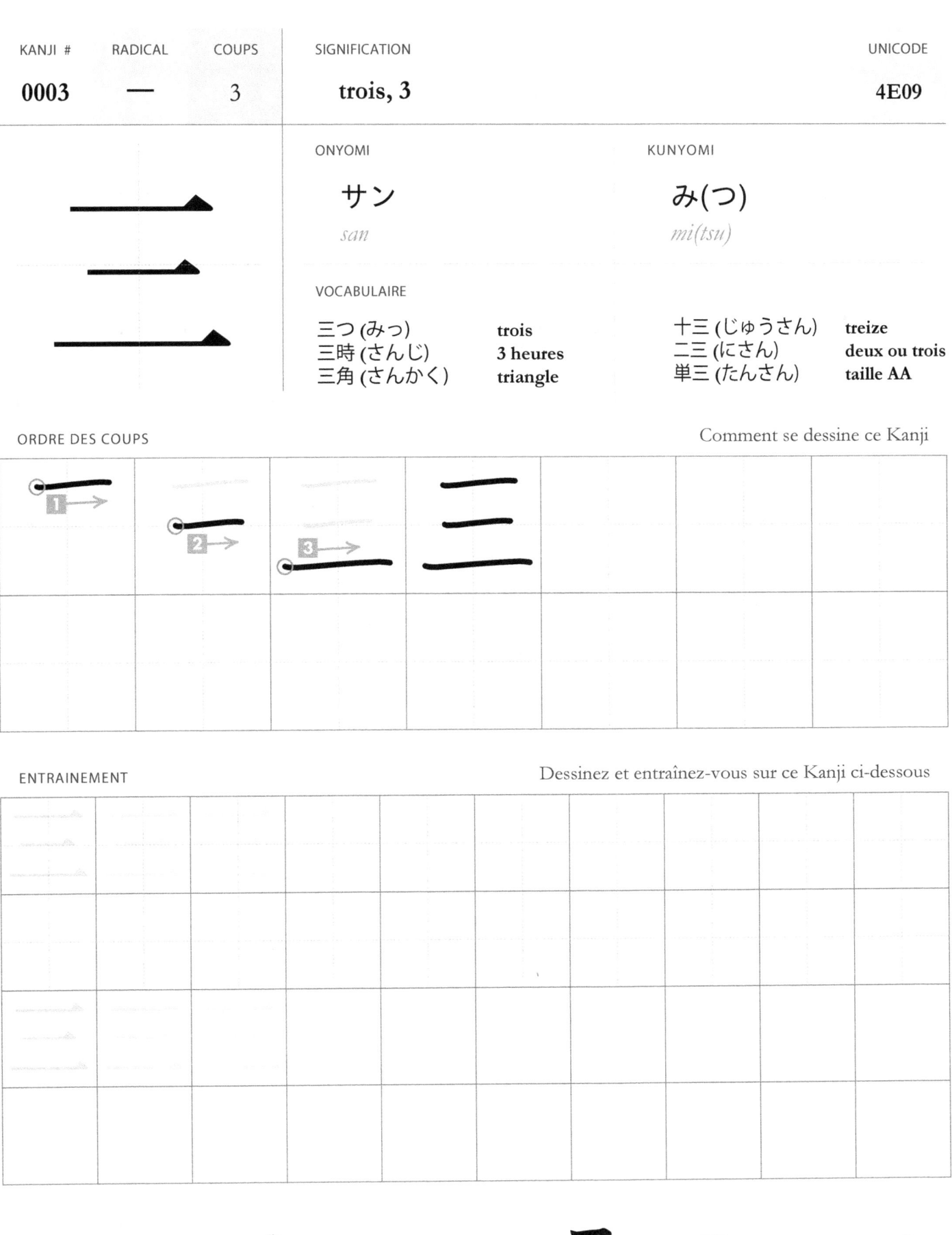

ONYOMI

サン
san

KUNYOMI

み(つ)
mi(tsu)

VOCABULAIRE

三つ (みっ)	trois	十三 (じゅうさん)	treize
三時 (さんじ)	3 heures	二三 (にさん)	deux ou trois
三角 (さんかく)	triangle	単三 (たんさん)	taille AA

ORDRE DES COUPS

Comment se dessine ce Kanji

ENTRAINEMENT

Dessinez et entraînez-vous sur ce Kanji ci-dessous

MODES

KANJI #	RADICAL	COUPS	SIGNIFICATION	UNICODE
0171	日	10	**temps, heure**	**6642**

時

ONYOMI

ジ

ji

KUNYOMI

とき、 -どき

toki, doki

VOCABULAIRE

時計 (とけい)	**montre ; horloge**	日時 (にちじ)	**date et heure**
時半 (じはん)	**environ une heure**	何時 (いつ)	**quand ; dans combien de temps**
時差 (じさ)	**différence de temps**	同時 (どうじ)	**simultanément**

ORDRE DES COUPS

Comment se dessine ce Kanji

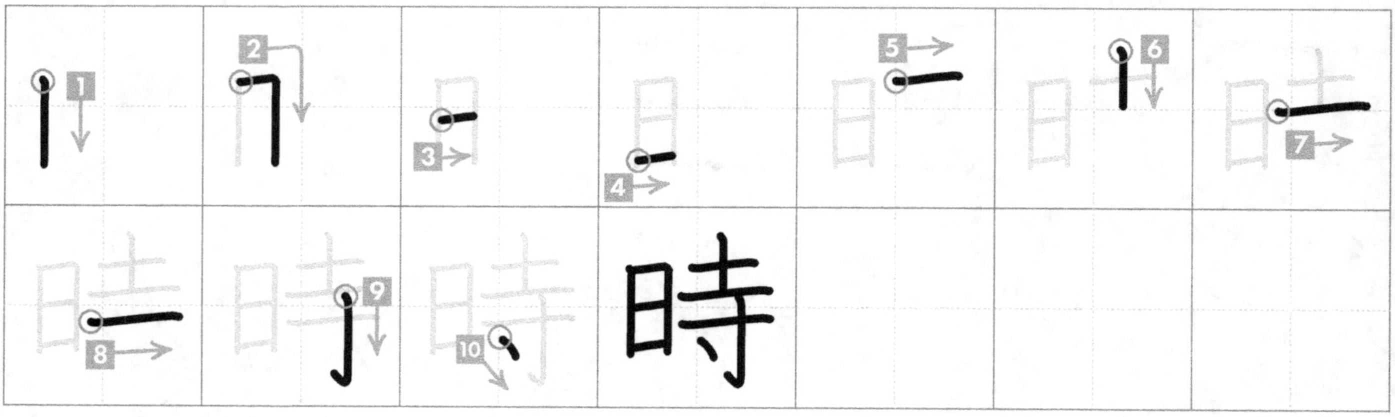

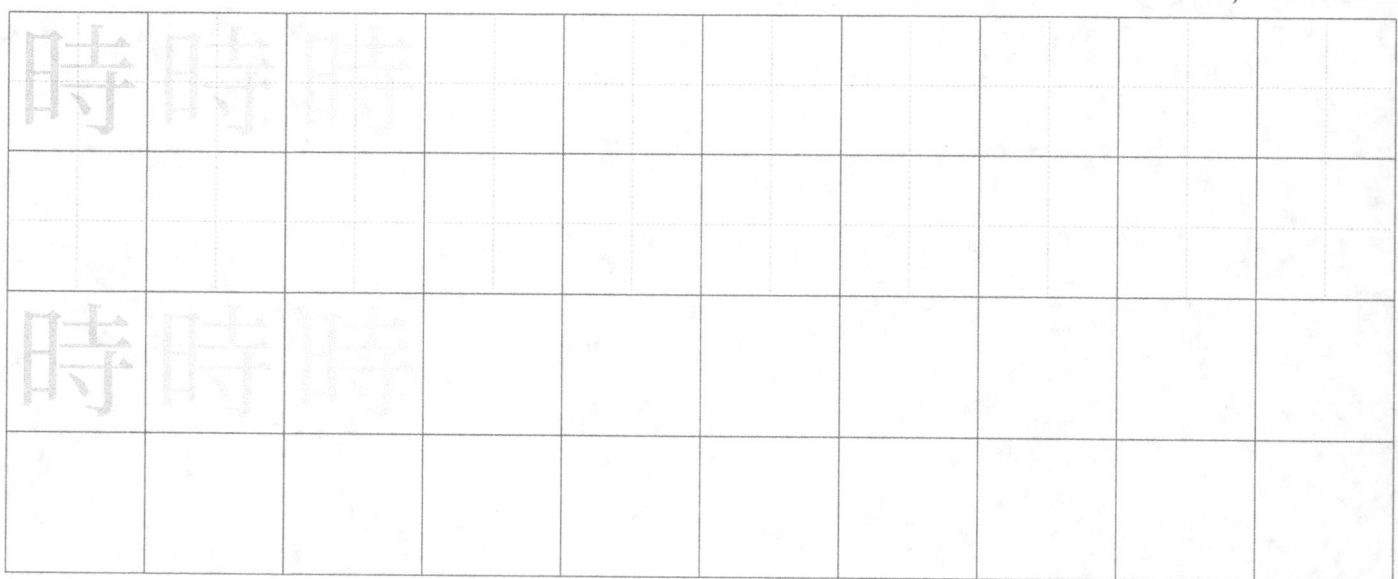

ENTRAINEMENT

Dessinez et entraînez-vous sur ce Kanji ci-dessous

MODES 時 時 時 時 時 時 時 時

KANJI #	RADICAL	COUPS	SIGNIFICATION	UNICODE
0938	行	6	**aller, voyage, réaliser, ligne, rangée**	884C

ONYOMI

コウ、ギョウ、アン

kou, gyou, an

KUNYOMI

い(く)、ゆ(く)、
おこな(う)

i(ku), yu(ku), okona(u)

VOCABULAIRE

行き (ゆ)	lié à
行事 (ぎょうじ)	événement ; fonction
行政 (ぎょうせい)	administration

旅行 (りょこう)	voyage ; déplacement
銀行 (ぎんこう)	banque
流行 (りゅうこう)	mode

ORDRE DES COUPS

Comment se dessine ce Kanji

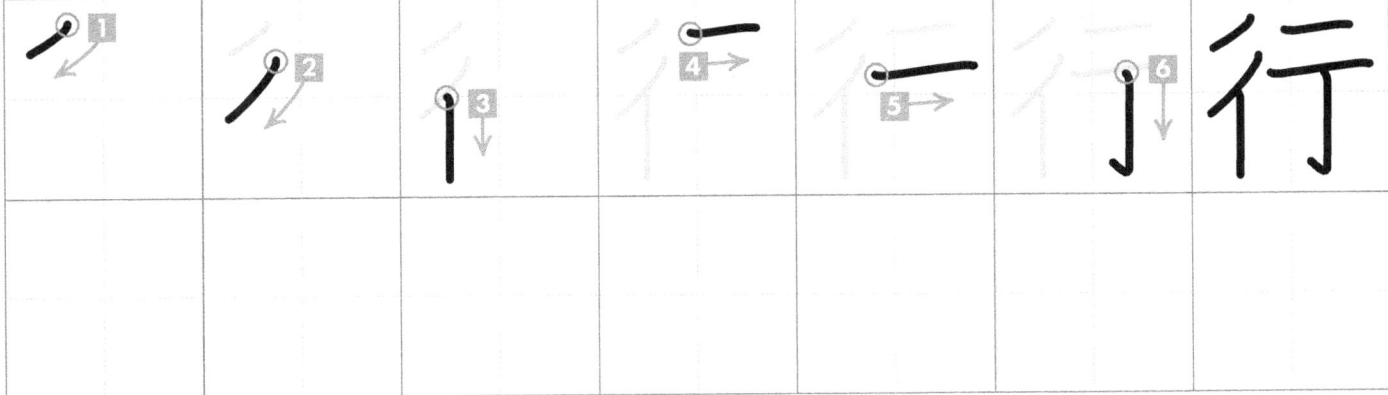

ENTRAINEMENT

Dessinez et entraînez-vous sur ce Kanji ci-dessous

MODES　行　行　行　行　行　行　行

KANJI #	RADICAL	COUPS	SIGNIFICATION	UNICODE
0061	見	7	**voir, espoirs, chances, idée, opinion, regarder**	**898B**

見

ONYOMI

ケン

ken

KUNYOMI

み(る)、 み(せる)

mi(ru), mi(seru)

VOCABULAIRE

見る (み)	voir ; regarder	発見 (はっけん)	découverte
見出し (みだ)	rubrique	一見 (いっけん)	regarder ; apercevoir
見解 (けんかい)	opinion	会見 (かいけん)	entretien

ORDRE DES COUPS Comment se dessine ce Kanji

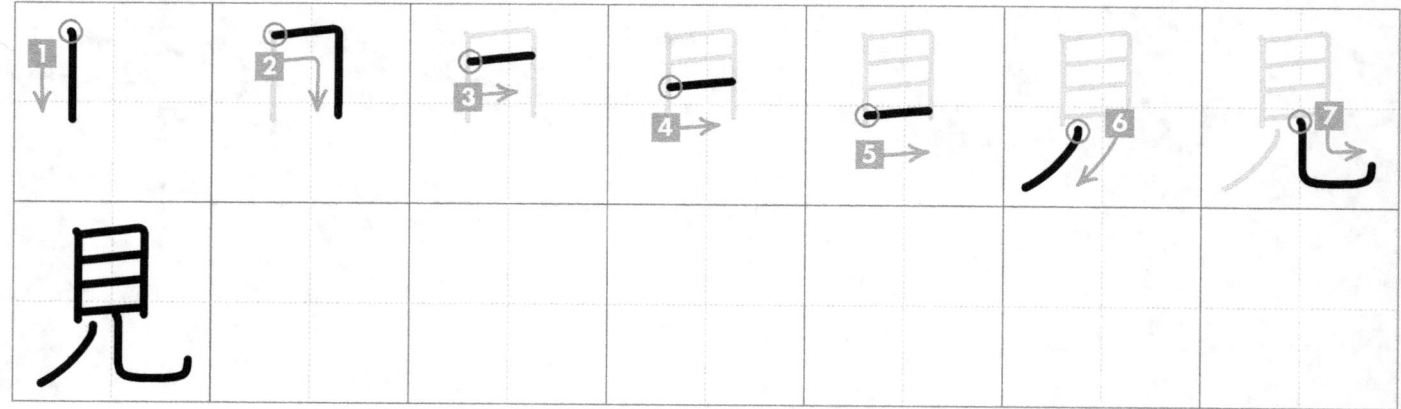

ENTRAINEMENT Dessinez et entraînez-vous sur ce Kanji ci-dessous

MODES 見 見 見 見 見 見 見 見

KANJI #	RADICAL	COUPS	SIGNIFICATION	UNICODE
0013	日	4	**mois, lune**	**6708**

月

ONYOMI

ゲツ、 ガツ

getsu, gatsu

KUNYOMI

つき

tsuki

VOCABULAIRE

月曜 (げつよう)	**lundi**	毎月 (まいつき)	**chaque mois**
月日 (つきひ)	**temps ; années ; jours**	今月 (こんげつ)	**ce mois-ci**
月給 (げっきゅう)	**salaire mensuel**	来月 (らいげつ)	**mois prochain**

ORDRE DES COUPS

Comment se dessine ce Kanji

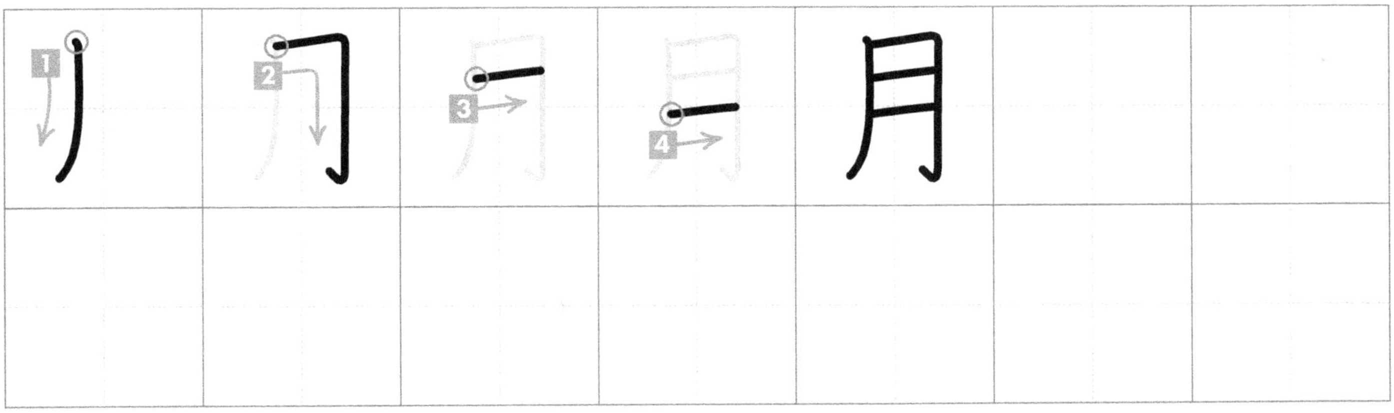

ENTRAINEMENT

Dessinez et entraînez-vous sur ce Kanji ci-dessous

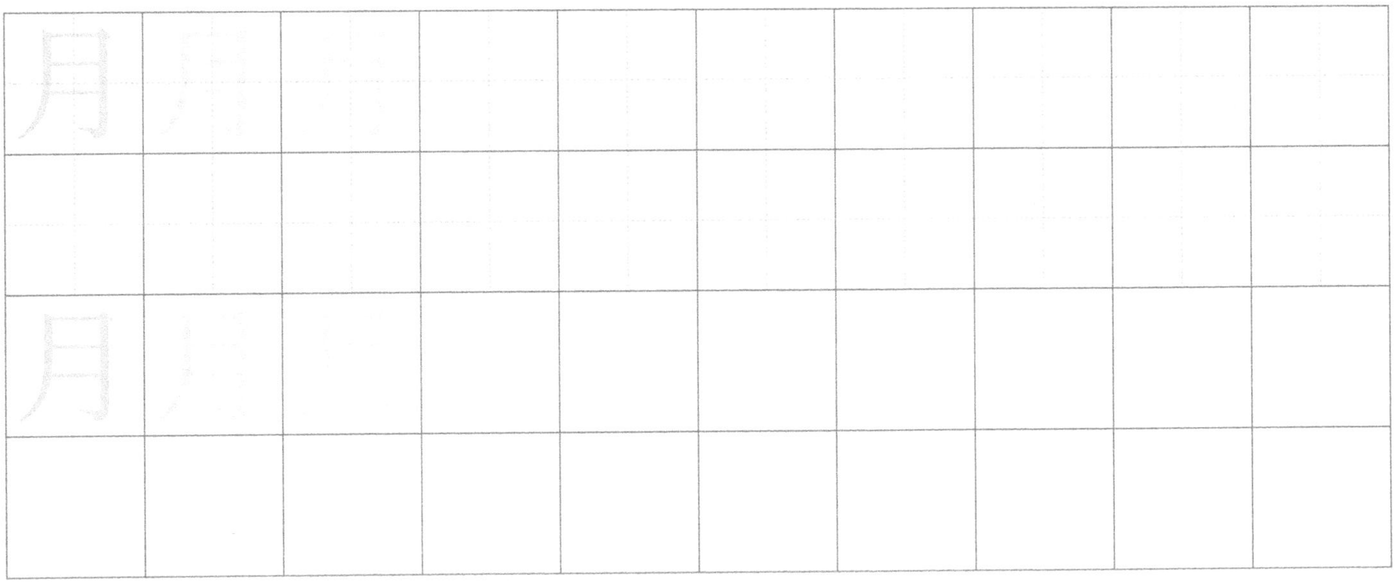

MODES

月 月 月 月 月 月 月 月

KANJI #	RADICAL	COUPS	SIGNIFICATION	UNICODE
0844	刀	4	**partie, minute de temps, comprendre**	5206

分

ONYOMI

ブン、フン、ブ

bun, fun, bu

KUNYOMI

わ(ける)

wa(keru)

VOCABULAIRE

分かる (わ)   comprendre
分野 (ぶんや)   champ ; sphère
分析 (ぶんせき)   analyse

半分 (はんぶん)   moitié
自分 (じぶん)   moi-même ; vous-même
気分 (きぶん)   sentiment ; humeur

ORDRE DES COUPS

Comment se dessine ce Kanji

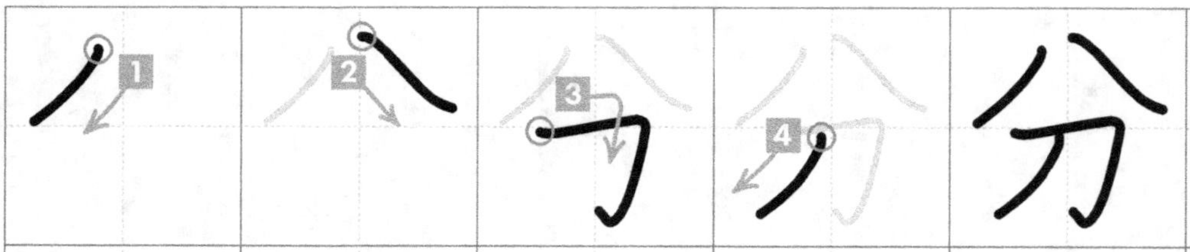

ENTRAINEMENT

Dessinez et entraînez-vous sur ce Kanji ci-dessous

MODES   分 分 分 分 分 分 分 分

ONYOMI

ゴ、コウ

go, kou

KUNYOMI

のち、うし(ろ)、あと

nochi, ushi(ro), ato

VOCABULAIRE

後ろ (うし)	derrière ; en arrière	今後 (こんご)	à partir de maintenant
後半 (こうはん)	deuxième moitié		
後で (あと)	après	午後 (ごご)	après-midi ; p.m.
		前後 (ぜんご)	avant et arrière

ORDRE DES COUPS

Comment se dessine ce Kanji

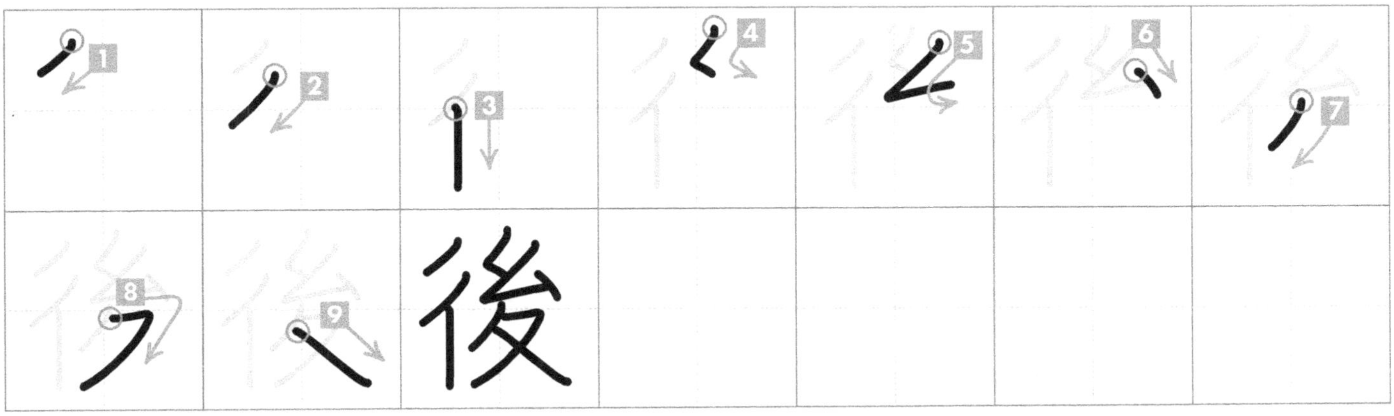

ENTRAINEMENT

Dessinez et entraînez-vous sur ce Kanji ci-dessous

MODES

後 後 後 後 後 後 後

KANJI #	RADICAL	COUPS	SIGNIFICATION	UNICODE
0309	刀	9	**en tête, avant**	**524D**

前

ONYOMI

ゼン
zen

KUNYOMI

まえ
mae

VOCABULAIRE

前半 (ぜんはん)	première moitié	名前 (なまえ)	nom ; nom complet
前進 (ぜんしん)	avancer ; conduire	午前 (ごぜん)	matin ; A.M.
前日 (ぜんじつ)	jour précédent	出前 (でまえ)	restauration ; livraison à domicile

ORDRE DES COUPS

Comment se dessine ce Kanji

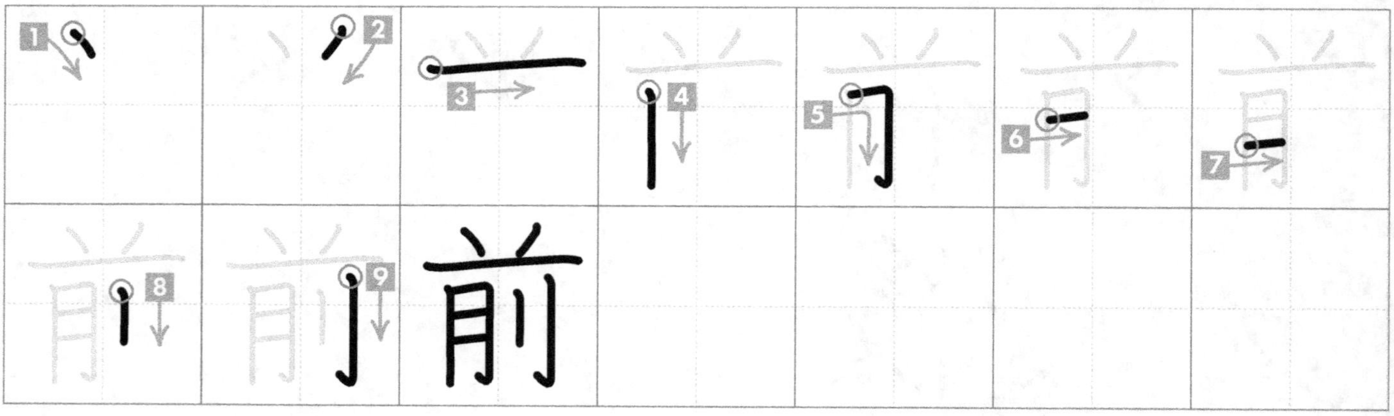

ENTRAINEMENT

Dessinez et entraînez-vous sur ce Kanji ci-dessous

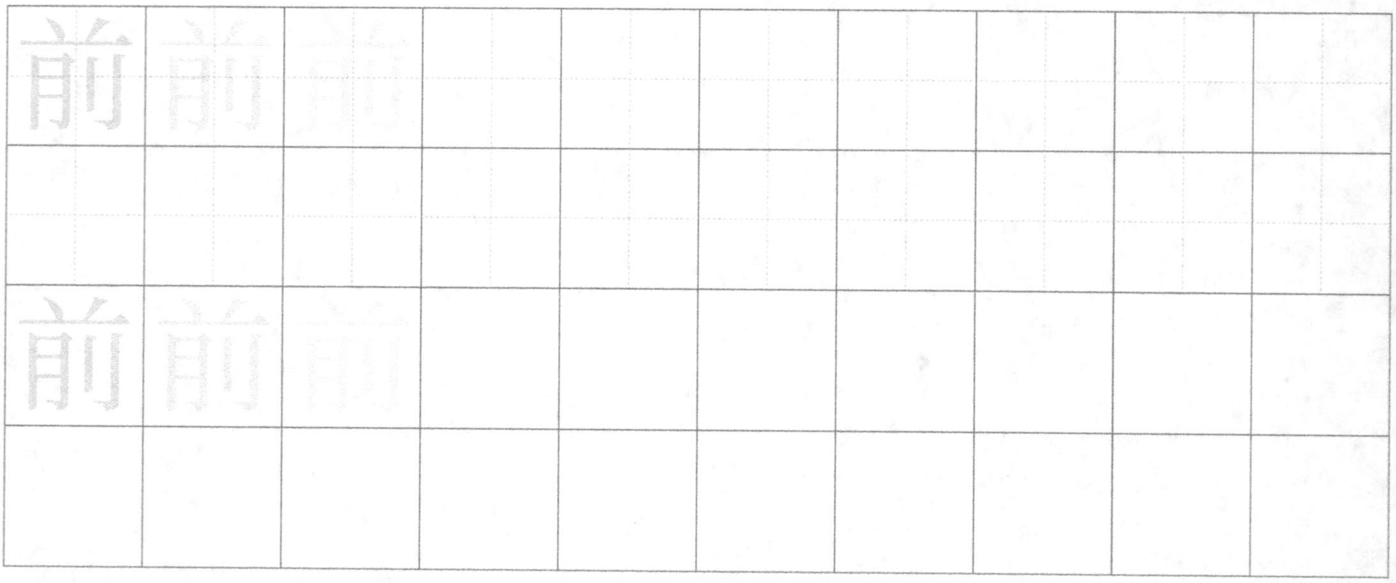

MODES 前 前 前 前 前 前 前 前

KANJI #	RADICAL	COUPS	SIGNIFICATION	UNICODE
1675	生	5	**vie, authentique, naissance**	**751F**

生

ONYOMI

セイ、ショウ

sei, shou

KUNYOMI い(きる), う(む)、
お(う)、は(える)、なま

i(kiru), u(mu), o(u), ha(eru), nama

VOCABULAIRE

生徒 (せいと)	élève	学生 (がくせい)	élève
生きる (い)	vivre ; exister	先生 (せんせい))	professeur ; maître
生命 (せいめい)	vie ; existence	一生 (いっしょう)	vie entière

ORDRE DES COUPS

Comment se dessine ce Kanji

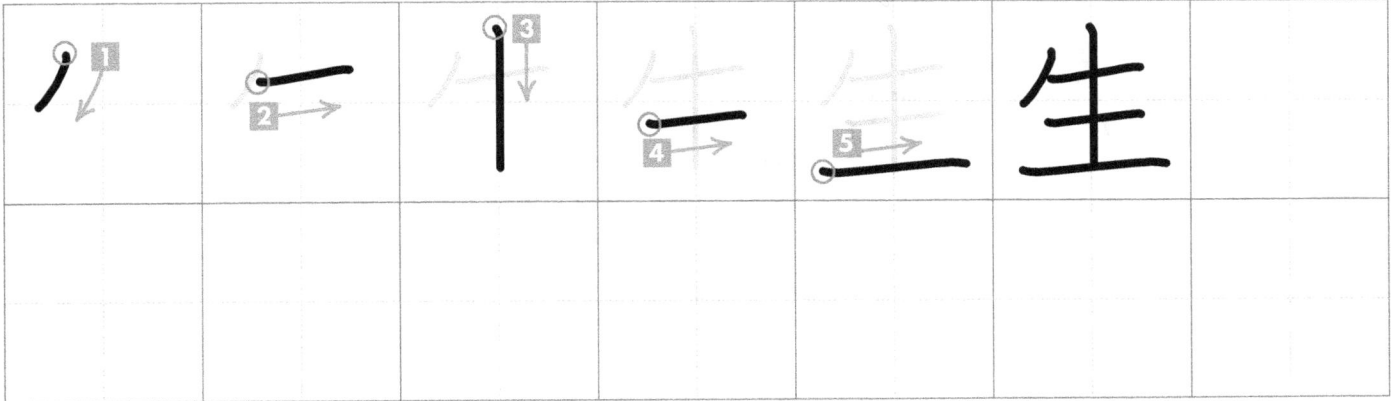

ENTRAINEMENT

Dessinez et entraînez-vous sur ce Kanji ci-dessous

MODES　生　生　生　生　生　生　生　生

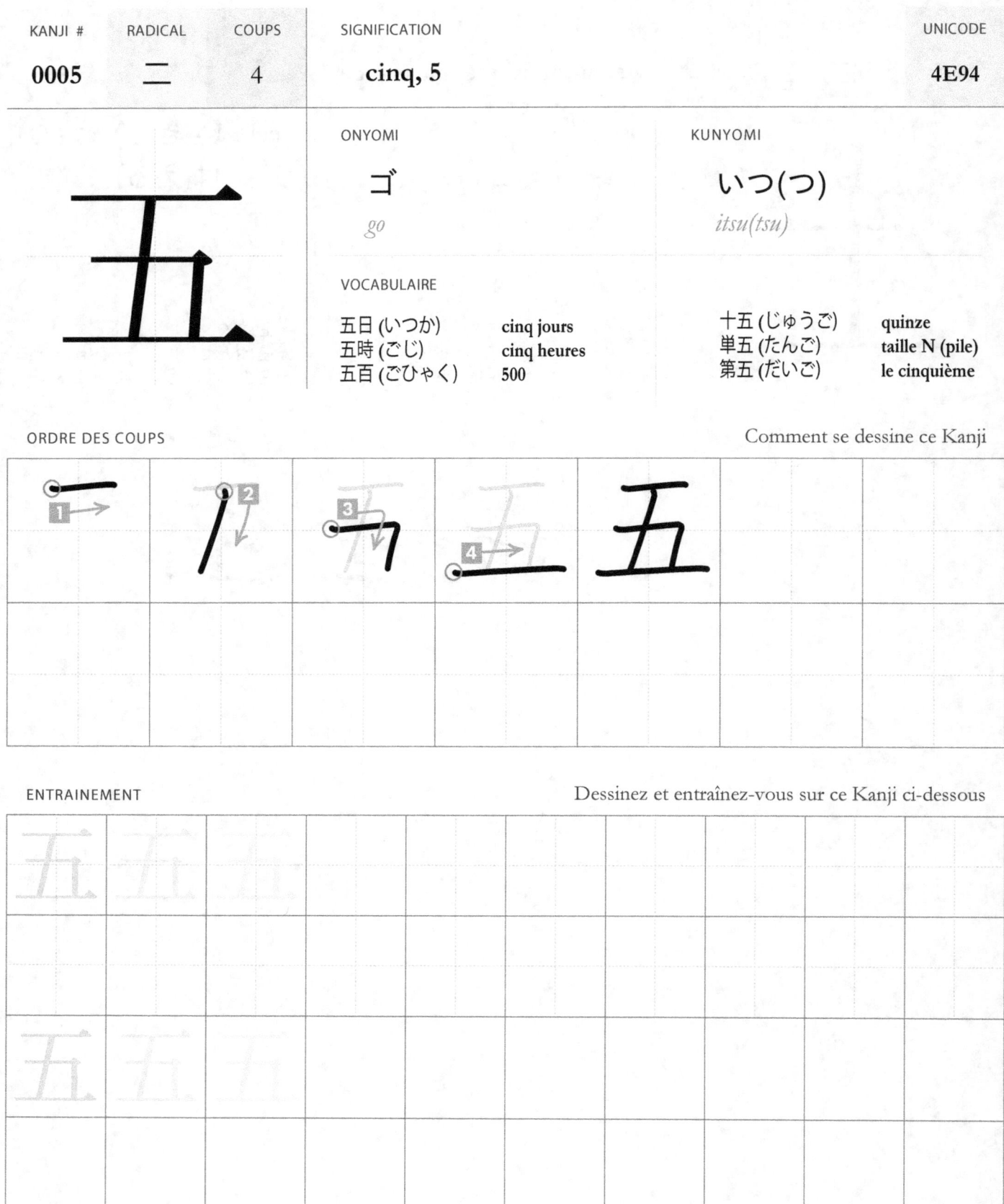

ONYOMI

ゴ

go

KUNYOMI

いつ(つ)

itsu(tsu)

VOCABULAIRE

五日 (いつか)　cinq jours
五時 (ごじ)　cinq heures
五百 (ごひゃく)　500

十五 (じゅうご)　quinze
単五 (たんご)　taille N (pile)
第五 (だいご)　le cinquième

ORDRE DES COUPS

Comment se dessine ce Kanji

ENTRAINEMENT

Dessinez et entraînez-vous sur ce Kanji ci-dessous

MODES　五　五　五　五　五　五　五　五

間

ONYOMI

カン、ケン
kan, ken

KUNYOMI

あいだ、ま、あい
aida, ma, ai

VOCABULAIRE

間接 (かんせつ)　　indirection
間隔 (かんかく)　　espace, intervalle
間近 (まぢか)　　proximité ; proximité

人間 (にんげん)　　être humain
期間 (きかん)　　période ; terme
世間 (せけん)　　monde ; société

ORDRE DES COUPS

Comment se dessine ce Kanji

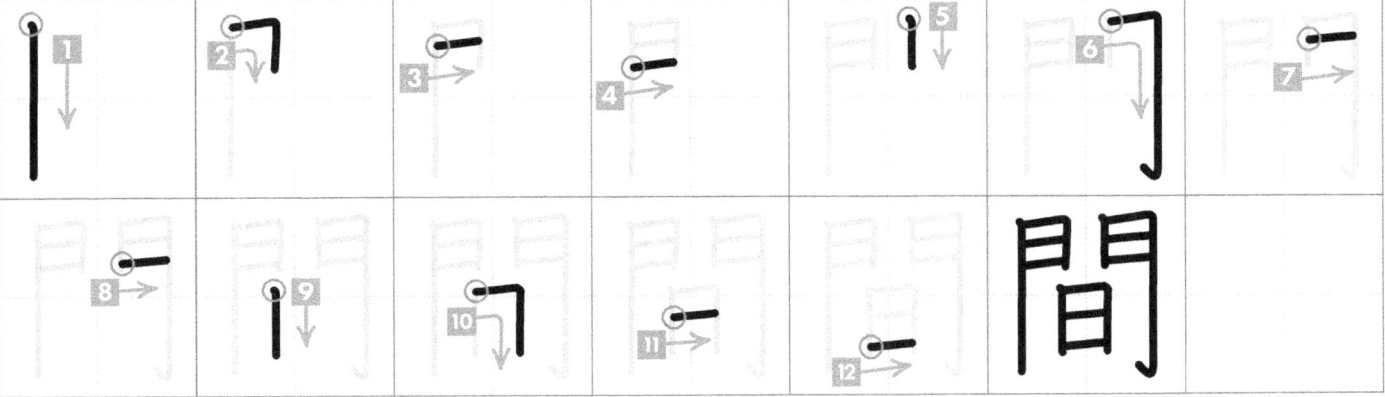

ENTRAINEMENT

Dessinez et entraînez-vous sur ce Kanji ci-dessous

MODES　間 *間* 間 間 *間* 間 間 間

KANJI #	RADICAL	COUPS	SIGNIFICATION	UNICODE
0050	一	3	**au-dessus, en haut**	4E0A

ONYOMI ジョウ、ショウ、シャン

jou, shou, shan

KUNYOMI うえ、うわ- うえ、うわ-、かみ、あ(げる)、のぼ(る)、たてまつ(る)

ue, uwa, kami, a(geru), nobo(ru), tatematsu(ru)

VOCABULAIRE

上下 (じょうげ)   haut et bas
上り (のぼ)   ascension ; montée
上る (のぼ)   monter ; s'élever

以上 (いじょう)   pas moins que
屋上 (おくじょう)   toit
年上 (としうえ)   plus âgé ; senior

ORDRE DES COUPS   Comment se dessine ce Kanji

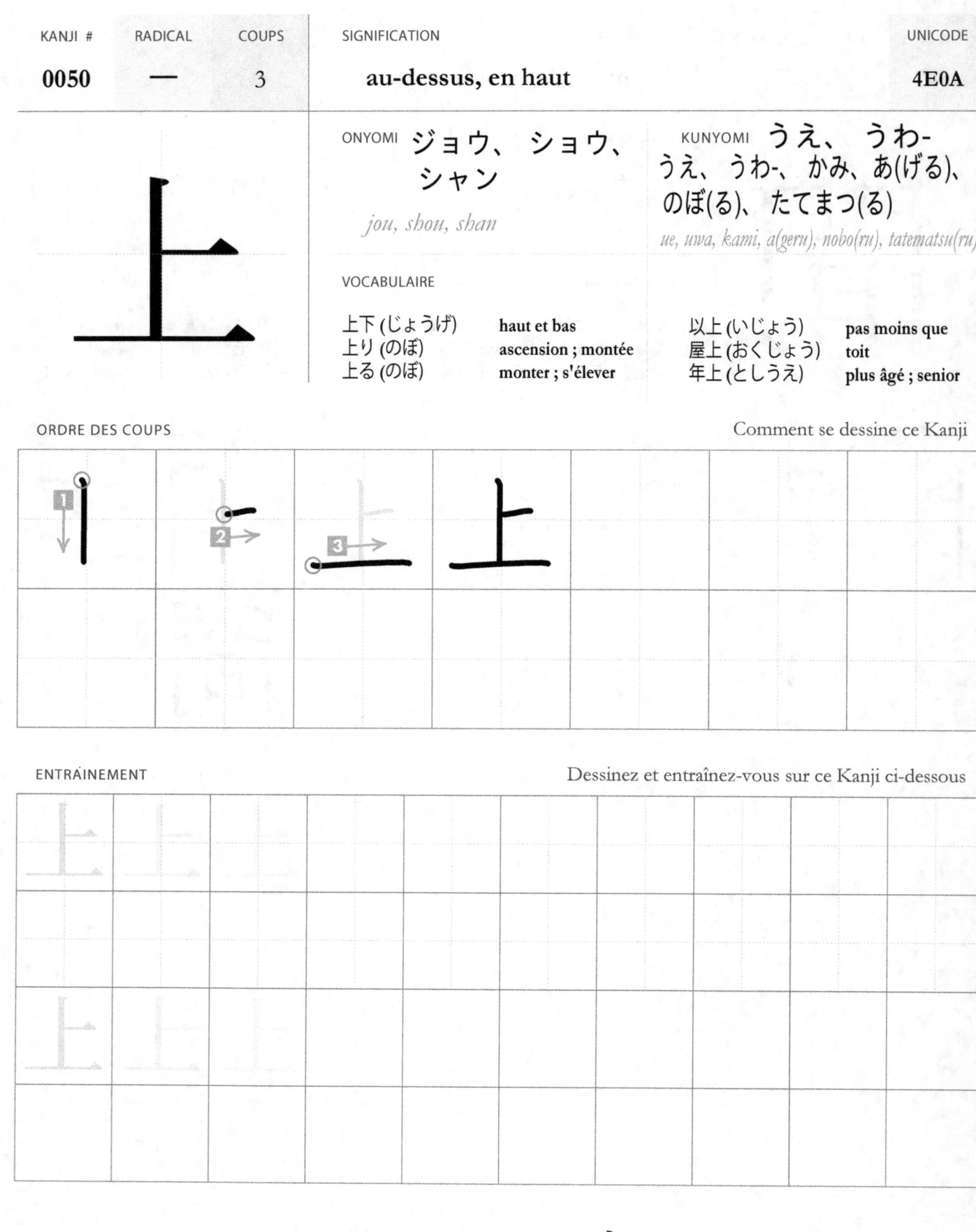

ENTRAÎNEMENT   Dessinez et entraînez-vous sur ce Kanji ci-dessous

MODES   上 上 上 上 上 上 上 上

KANJI #	RADICAL	COUPS	SIGNIFICATION	UNICODE
0543	木	8	**est**	**6771**

東

ONYOMI

トウ

tou

KUNYOMI

ひがし

higashi

VOCABULAIRE

東西 (とうざい)	**est et ouest**
東洋 (とうよう)	**Orient**
東北 (とうほく)	**nord-est ; Tohoku**
北東 (ほくとう)	**nord-est**
南東 (なんとう)	**sud-est**
東京 (とうきょう)	**Tokyo**

ORDRE DES COUPS

Comment se dessine ce Kanji

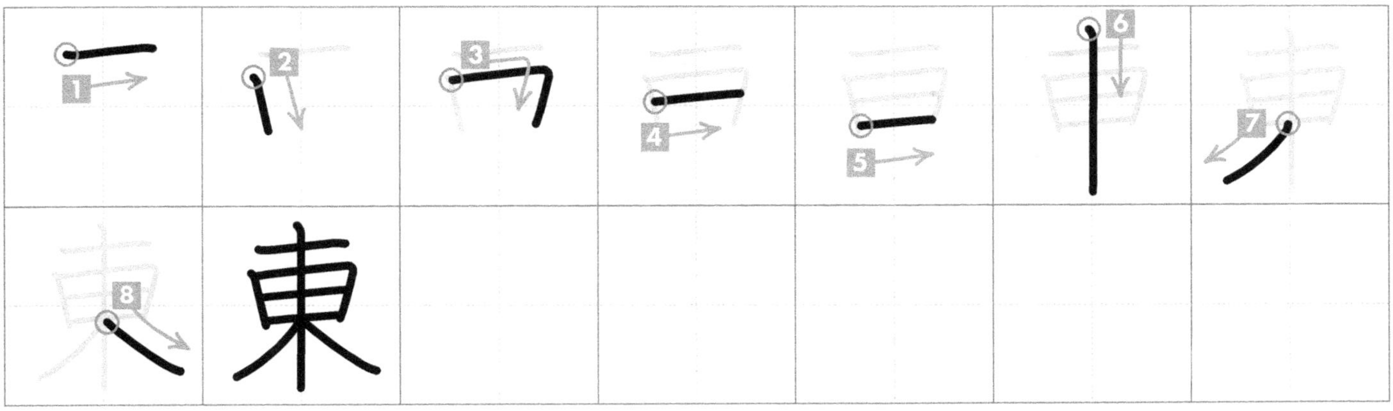

ENTRAINEMENT

Dessinez et entraînez-vous sur ce Kanji ci-dessous

MODES 東 東 東 東 東 東 東 東

KANJI #	RADICAL	COUPS	SIGNIFICATION		UNICODE
0004	口	5	quatre, 4		56DB

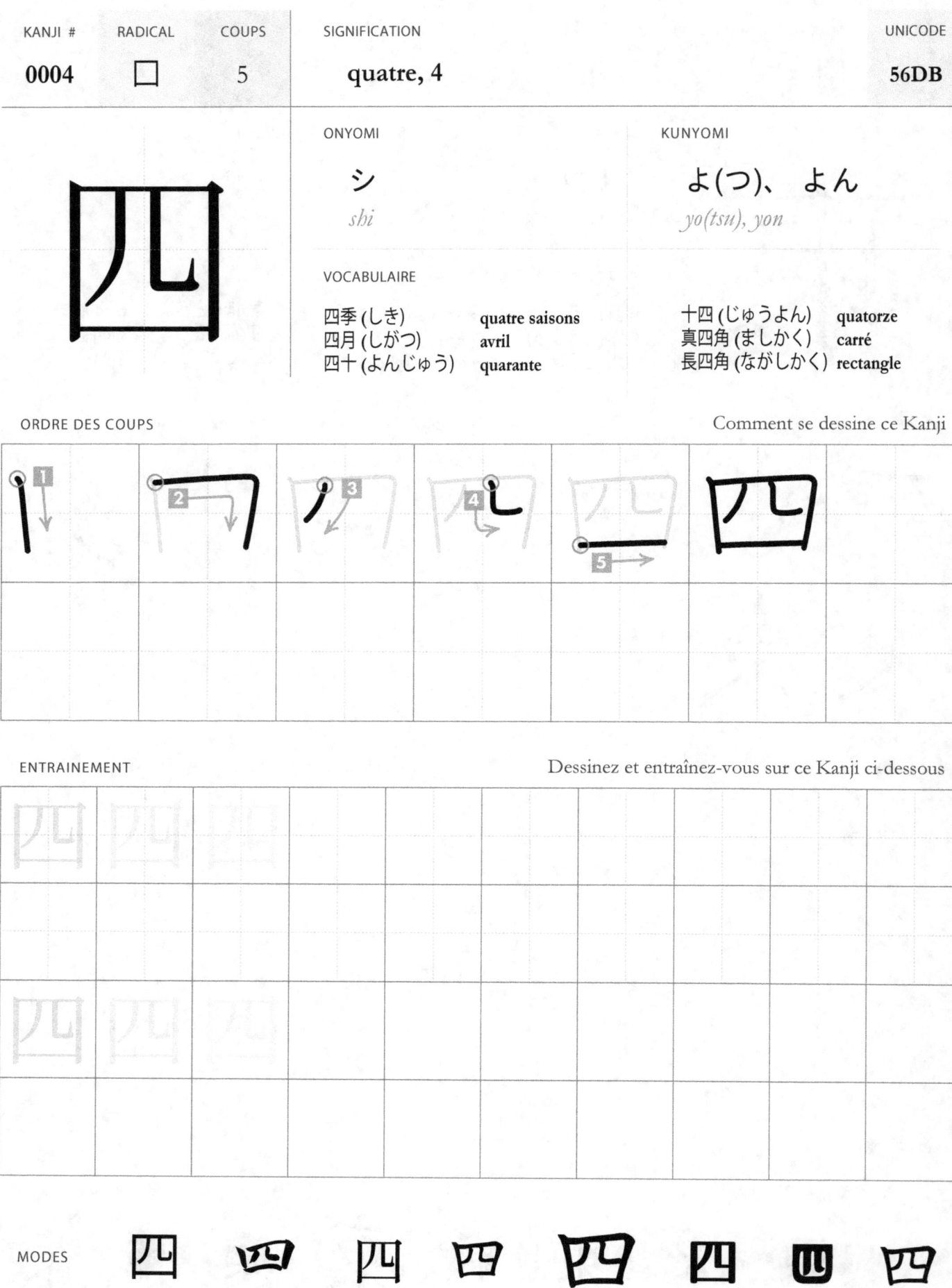

ONYOMI

シ
shi

KUNYOMI

よ(つ)、よん
yo(tsu), yon

VOCABULAIRE

四季 (しき)	quatre saisons	十四 (じゅうよん)	quatorze
四月 (しがつ)	avril	真四角 (ましかく)	carré
四十 (よんじゅう)	quarante	長四角 (ながしかく)	rectangle

ORDRE DES COUPS　　　　　　　　　　　　Comment se dessine ce Kanji

ENTRAINEMENT　　　　　　　　Dessinez et entraînez-vous sur ce Kanji ci-dessous

MODES 四 四 四 四 四 四 四 四

KANJI #	RADICAL	COUPS	SIGNIFICATION	UNICODE
1711	人	4	**maintenant, le présent**	**4ECA**

今

ONYOMI

コン、キン
kon, kin

KUNYOMI

いま
ima

VOCABULAIRE

今日 (きょう)   aujourd'hui ; ce jour
今年 (ことし)   tcette année
今月 (こんげつ)   ce mois-ci

今度 (こんど)   ce moment
今朝 (けさ)   ce matin
今週 (こんしゅう)   cette semaine

ORDRE DES COUPS

Comment se dessine ce Kanji

ENTRAINEMENT

Dessinez et entraînez-vous sur ce Kanji ci-dessous

MODES

KANJI #	RADICAL	COUPS	SIGNIFICATION	UNICODE
0287	金	8	**or**	**91D1**

ONYOMI

キン、 コン、 ゴン

kin, kon, gon

KUNYOMI

かね、 かな-、 -がね

kane, kana, gane

VOCABULAIRE

金属 (きんぞく)	métal	料金 (りょうきん)	frais ; charge
金曜 (きんよう)	Vendredi	借金 (しゃっきん)	dette ; prêt
金銭 (きんせん)	argent ; liquide	資金 (しきん)	fonds ; capital

ORDRE DES COUPS

Comment se dessine ce Kanji

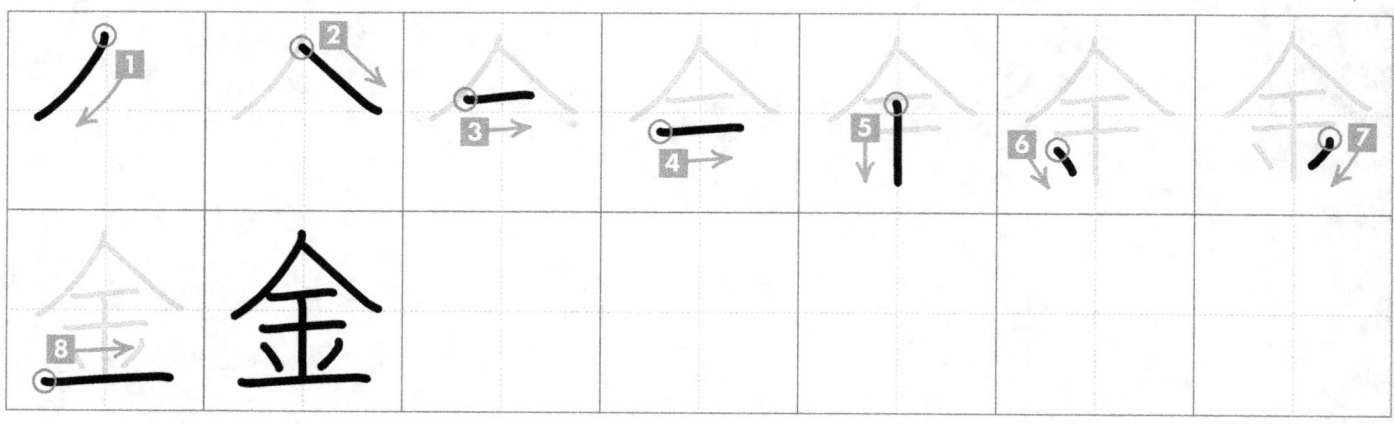

ENTRAINEMENT

Dessinez et entraînez-vous sur ce Kanji ci-dessous

MODES　　金　金　金　金　金　金　金　金

KANJI #	RADICAL	COUPS	SIGNIFICATION		UNICODE
0009	乛	2	neuf, 9		4E5D

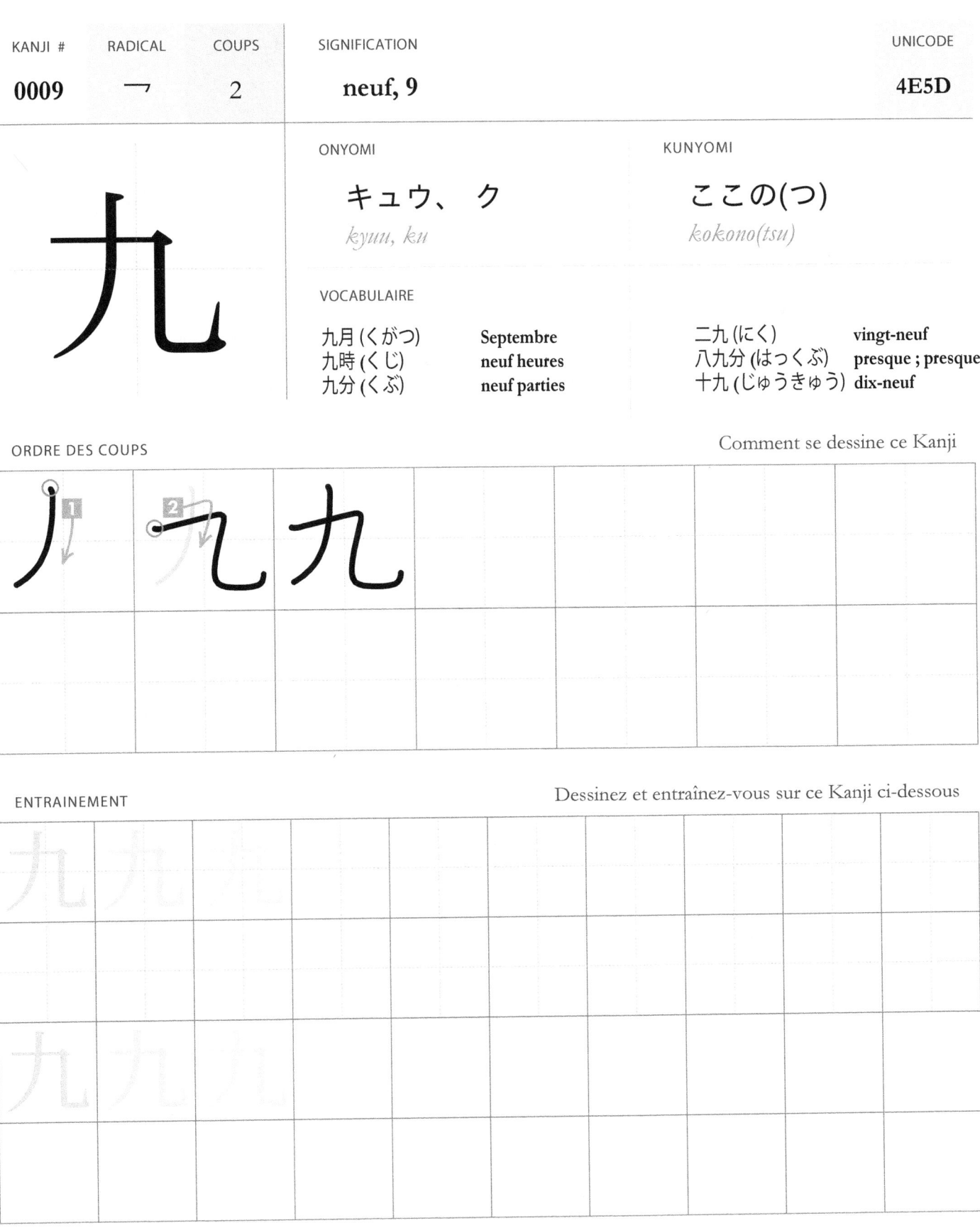

ONYOMI

キュウ、ク

kyuu, ku

KUNYOMI

ここの(つ)

kokono(tsu)

VOCABULAIRE

九月 (くがつ)   Septembre
九時 (くじ)   neuf heures
九分 (くぶ)   neuf parties

二九 (にく)   vingt-neuf
八九分 (はっくぶ)   presque ; presque
十九 (じゅうきゅう) dix-neuf

ORDRE DES COUPS   Comment se dessine ce Kanji

ENTRAINEMENT   Dessinez et entraînez-vous sur ce Kanji ci-dessous

MODES   九 九 九 九 九 九 九 九

KANJI #	RADICAL	COUPS	SIGNIFICATION	UNICODE
0842	入	2	**entrer ; insérer**	**5165**

入

ONYOMI

ニュウ

nyuu

KUNYOMI

い(る)、はい(る)

i(ru), hai(ru)

VOCABULAIRE

入る (はい) — entrer ; entrer dans
入場 (にゅうじょう) — entrée ; admission
入力 (にゅうりょく) — entrée ; entrée (de données)

収入 (しゅうにゅう) — revenu ; recettes
購入 (こうにゅう) — acheter ; acheter
加入 (かにゅう) — devenir membre

ORDRE DES COUPS

Comment se dessine ce Kanji

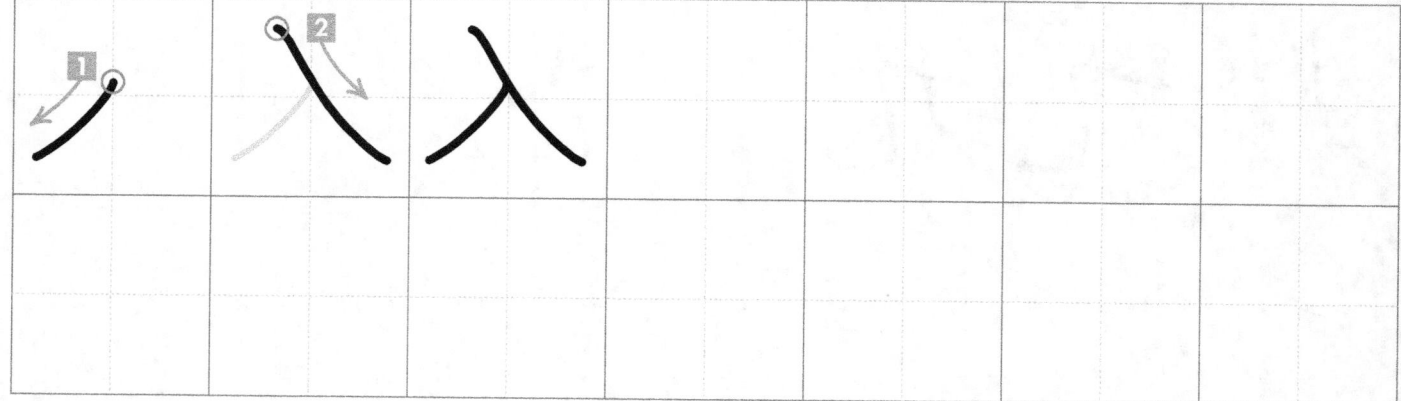

ENTRAINEMENT

Dessinez et entraînez-vous sur ce Kanji ci-dessous

MODES

KANJI #	RADICAL	COUPS	SIGNIFICATION	UNICODE
0346	子	8	étude, apprentissage, science	5B66

学

ONYOMI

ガク

gaku

KUNYOMI

まな(ぶ)

mana(bu)

VOCABULAIRE

学校 (がっこう)　école
学生 (がくせい)　étudiant
学習 (がくしゅう)　étude ; apprentissage

中学 (ちゅうがく)　école intermédiaire
科学 (かがく)　science
文学 (ぶんがく)　littérature

ORDRE DES COUPS

Comment se dessine ce Kanji

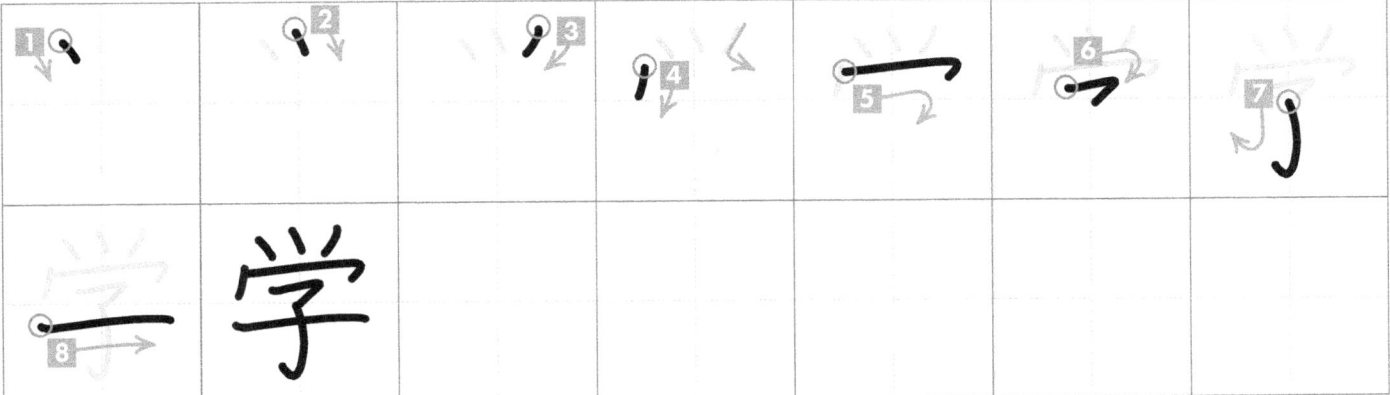

ENTRAINEMENT

Dessinez et entraînez-vous sur ce Kanji ci-dessous

MODES　学　学　学　学　学　学　学　学

KANJI #	RADICAL	COUPS	SIGNIFICATION	UNICODE
0329	高	10	haut, élevé, cher	9AD8

高

ONYOMI

コウ
kou

KUNYOMI

たか(い)
taka(i)

VOCABULAIRE

高い (たか) — haut ; élevé
高度 (こうど) — altitude ; hauteur
高速 (こうそく) — haute vitesse ; vitesse élevée

最高 (さいこう) — le plus haut ; le meilleur
標高 (ひょうこう) — élévation
小高い (こだか) — légèrement surélevé

ORDRE DES COUPS

Comment se dessine ce Kanji

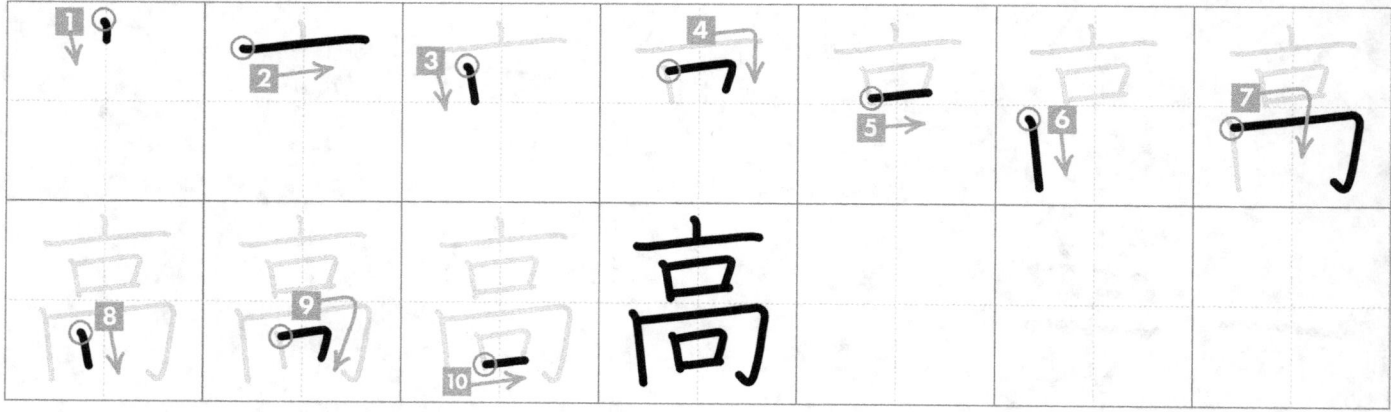

ENTRAINEMENT

Dessinez et entraînez-vous sur ce Kanji ci-dessous

MODES 高 高 高 高 高 高 高 高

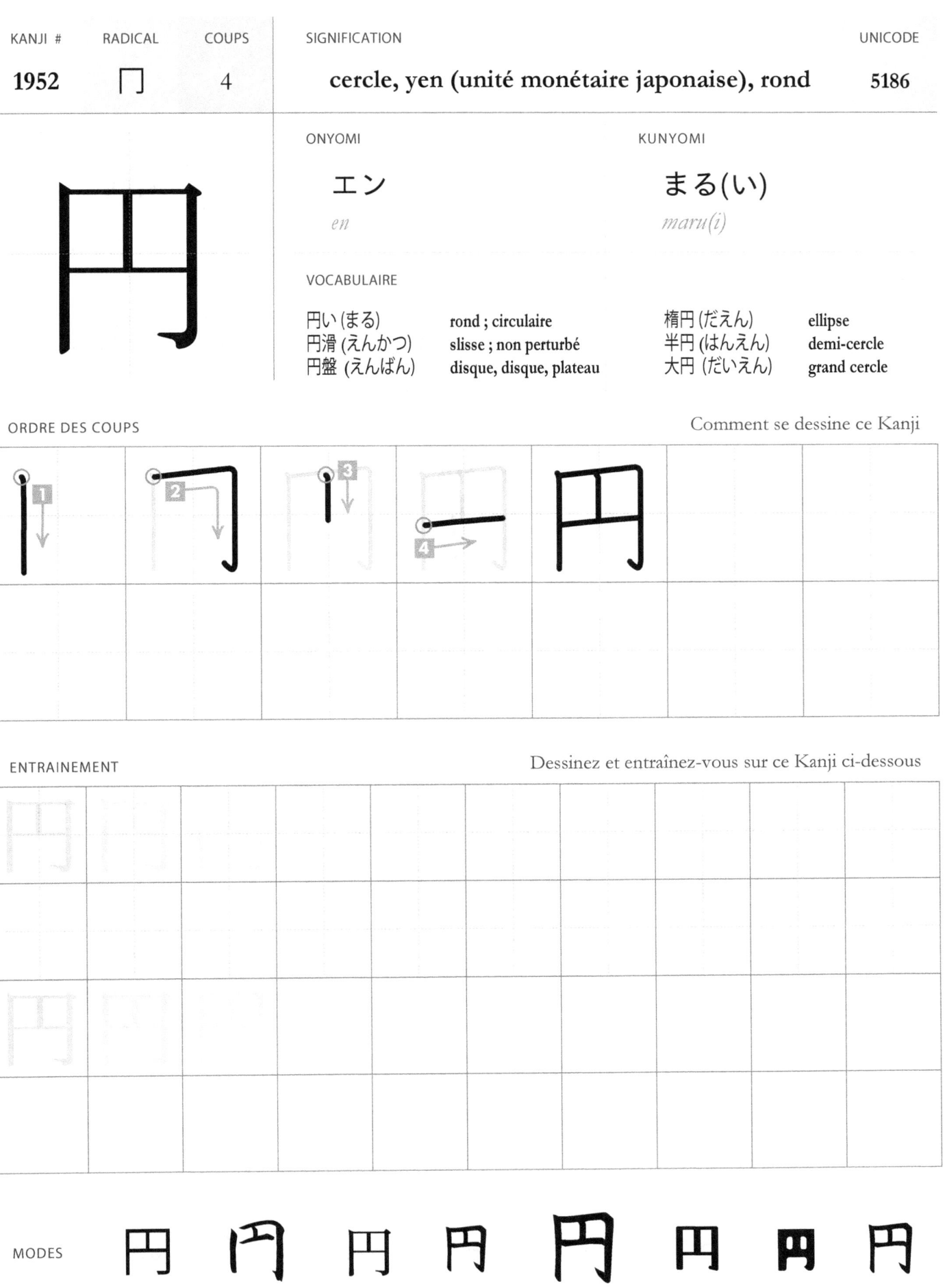

ONYOMI

エン

en

KUNYOMI

まる(い)

maru(i)

VOCABULAIRE

円い (まる)	rond ; circulaire	楕円 (だえん)	ellipse
円滑 (えんかつ)	slisse ; non perturbé	半円 (はんえん)	demi-cercle
円盤 (えんばん)	disque, disque, plateau	大円 (だいえん)	grand cercle

ORDRE DES COUPS　　　　　　　　　　　　　　Comment se dessine ce Kanji

ENTRAINEMENT　　　　　　　　Dessinez et entraînez-vous sur ce Kanji ci-dessous

MODES　　円　円　円　円　円　円　円　円

KANJI #	RADICAL	COUPS	SIGNIFICATION	UNICODE
0099	子	3	**enfant**	5B50

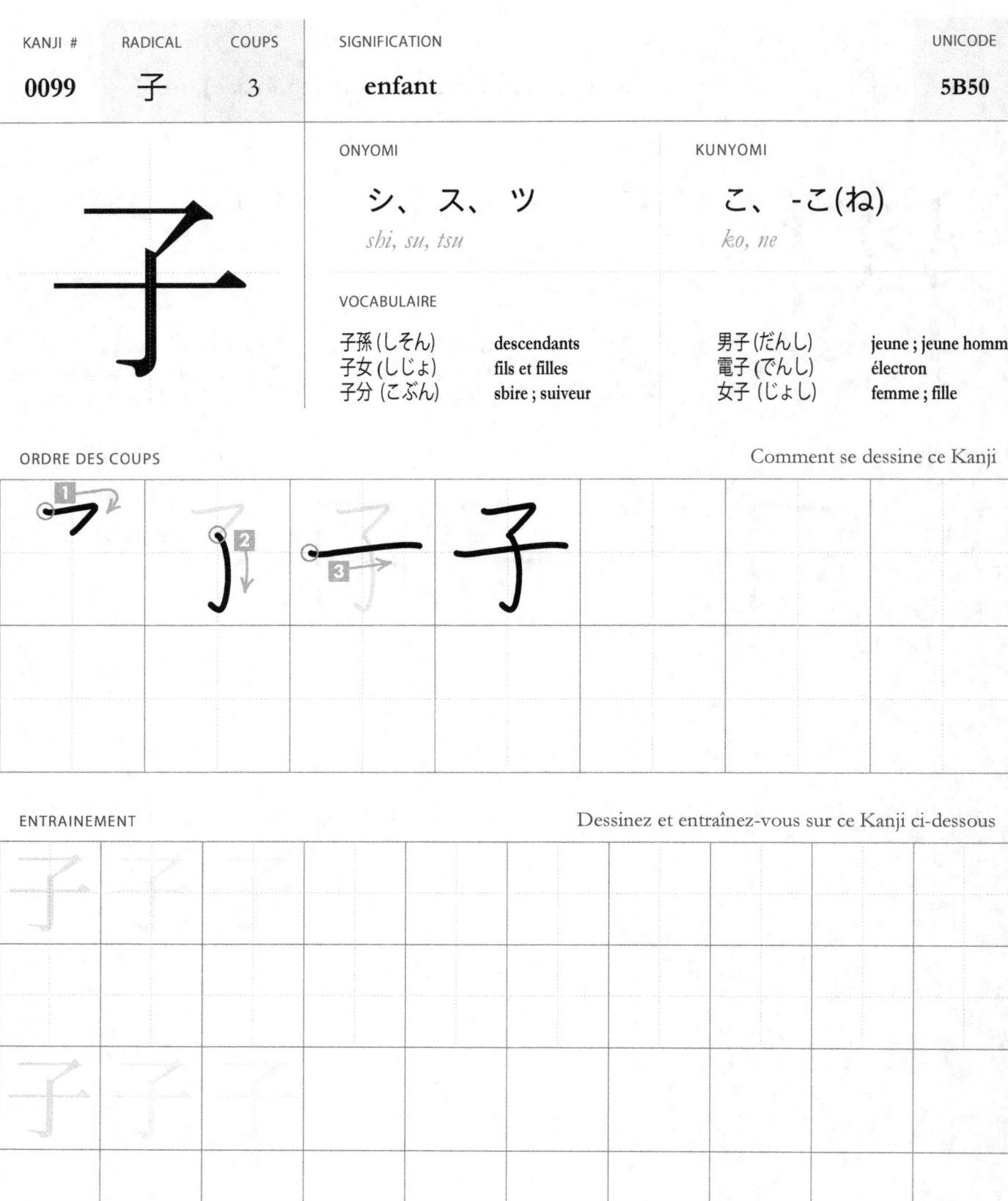

ONYOMI

シ、ス、ツ
shi, su, tsu

KUNYOMI

こ、 -こ(ね)
ko, ne

VOCABULAIRE

子孫 (しそん) descendants
子女 (しじょ) fils et filles
子分 (こぶん) sbire ; suiveur

男子 (だんし) jeune ; jeune homme
電子 (でんし) électron
女子 (じょし) femme ; fille

ORDRE DES COUPS   Comment se dessine ce Kanji

ENTRAINEMENT   Dessinez et entraînez-vous sur ce Kanji ci-dessous

MODES   子 子 子 子 子 子 子 子

KANJI #	RADICAL	COUPS	SIGNIFICATION	UNICODE
0116	夕	5	en dehors de	5916

ONYOMI

ガイ、ゲ

gai, ge

KUNYOMI

そと、 ほか、
はず(す)、 と-

soto, hoka, hazu-, to-

VOCABULAIRE

外国 (がいこく)　　pays étranger
外部 (がいぶ)　　　l'extérieur
外科 (げか)　　　　chirurgie

海外 (かいがい)　　étranger ; à l'étranger
意外 (いがい)　　　inattendu
郊外 (こうがい)　　banlieue ; périphérie

ORDRE DES COUPS　　　　　　　　Comment se dessine ce Kanji

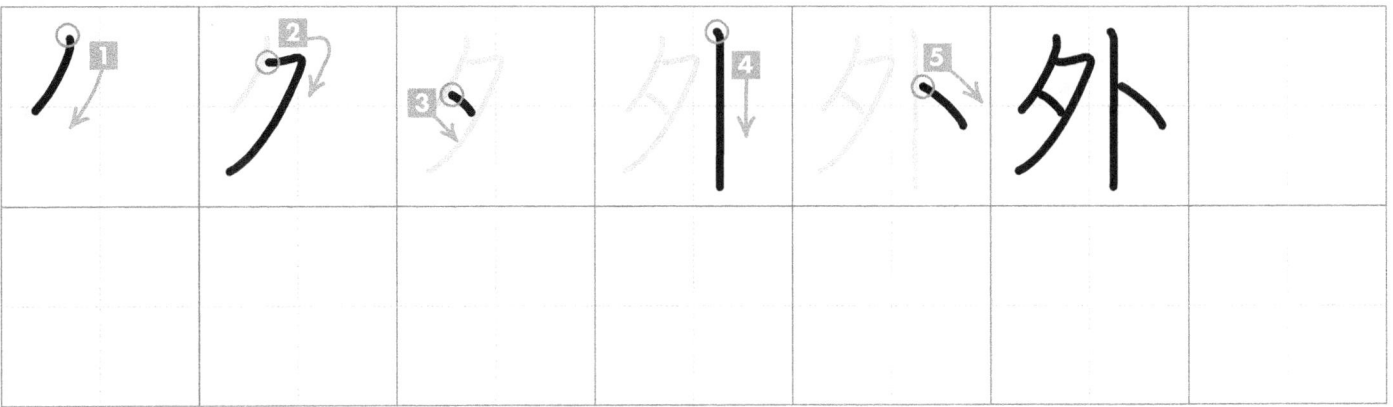

ENTRAINEMENT　　　　　Dessinez et entraînez-vous sur ce Kanji ci-dessous

MODES　　外　外　外　外　外　外　外　外

八

ONYOMI

ハチ
hachi

KUNYOMI

や(つ)、よう
ya(tsu), you

VOCABULAIRE

八十 (はちじゅう)　quatre-vingts
八月 (はちがつ)　Août
八時 (はちじ)　huit heures

十八 (じゅうはち)　dix-huit
二八 (にはち)　seize
百八 (ひゃくはち)　108

ORDRE DES COUPS

Comment se dessine ce Kanji

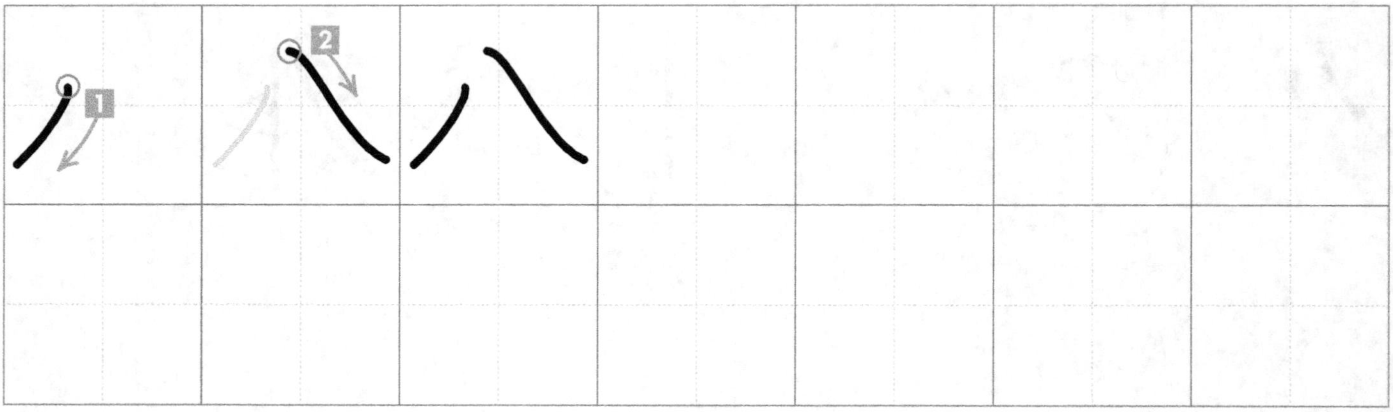

ENTRAINEMENT

Dessinez et entraînez-vous sur ce Kanji ci-dessous

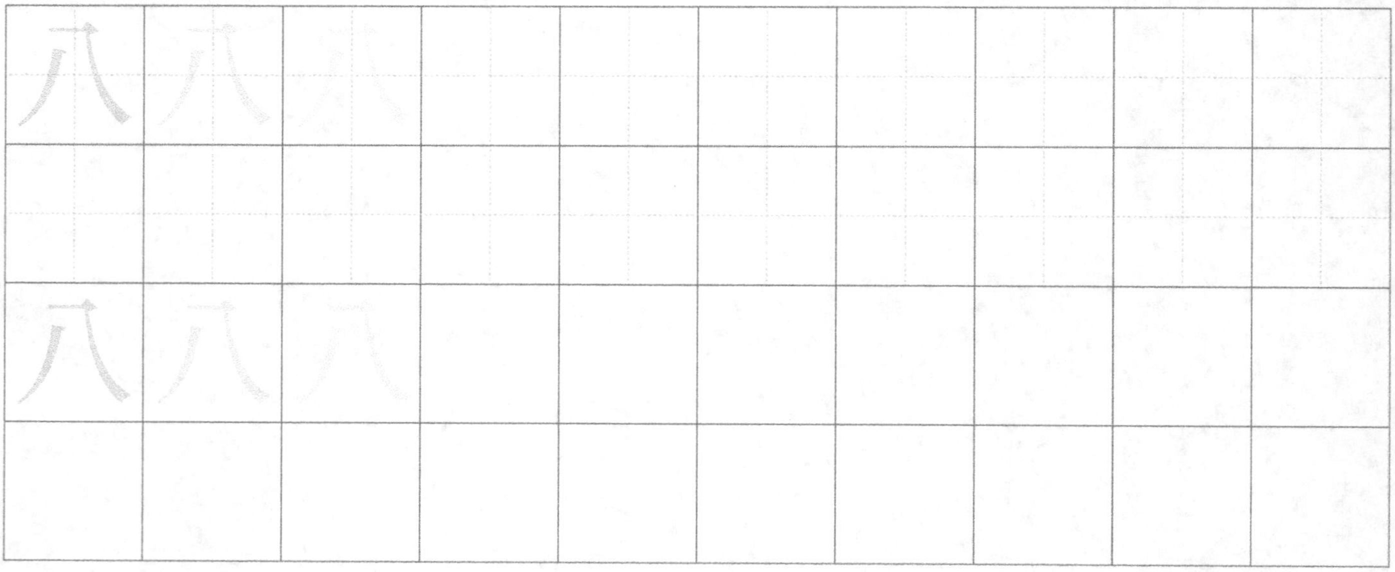

MODES

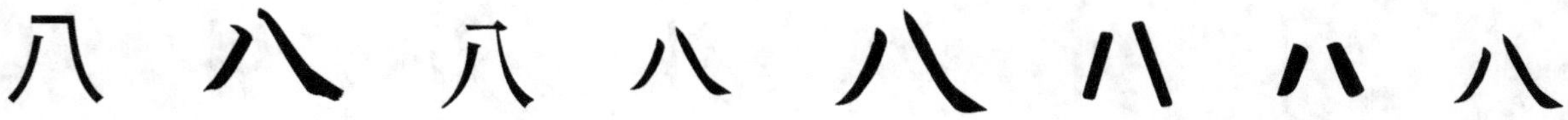

八 八 八 八 八 八 八 八

KANJI #	RADICAL	COUPS	SIGNIFICATION		UNICODE
0006	八	4	six, 6		516D

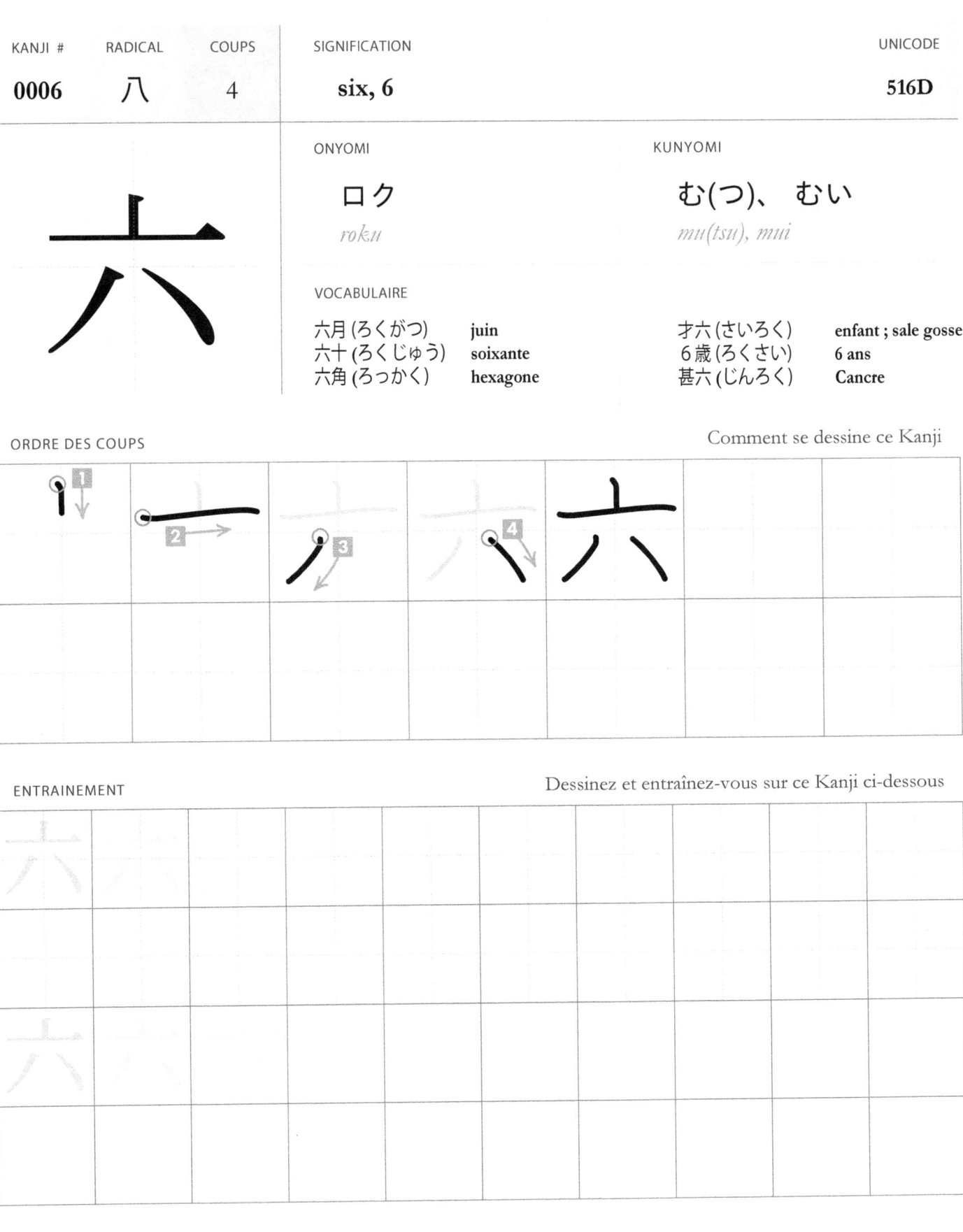

ONYOMI

ロク
roku

KUNYOMI

む(つ)、むい
mu(tsu), mui

VOCABULAIRE

六月 (ろくがつ)	juin	才六 (さいろく)	enfant ; sale gosse
六十 (ろくじゅう)	soixante	6歳 (ろくさい)	6 ans
六角 (ろっかく)	hexagone	甚六 (じんろく)	Cancre

ORDRE DES COUPS　　　　　　　　　　　　　Comment se dessine ce Kanji

ENTRAINEMENT　　　　　　　　　Dessinez et entraînez-vous sur ce Kanji ci-dessous

MODES　　六　六　六　六　六　六　六　六

KANJI #	RADICAL	COUPS	SIGNIFICATION	UNICODE
0051	口	3	en dessous, en bas, descendre, donner, bas, inférieur	4E0B

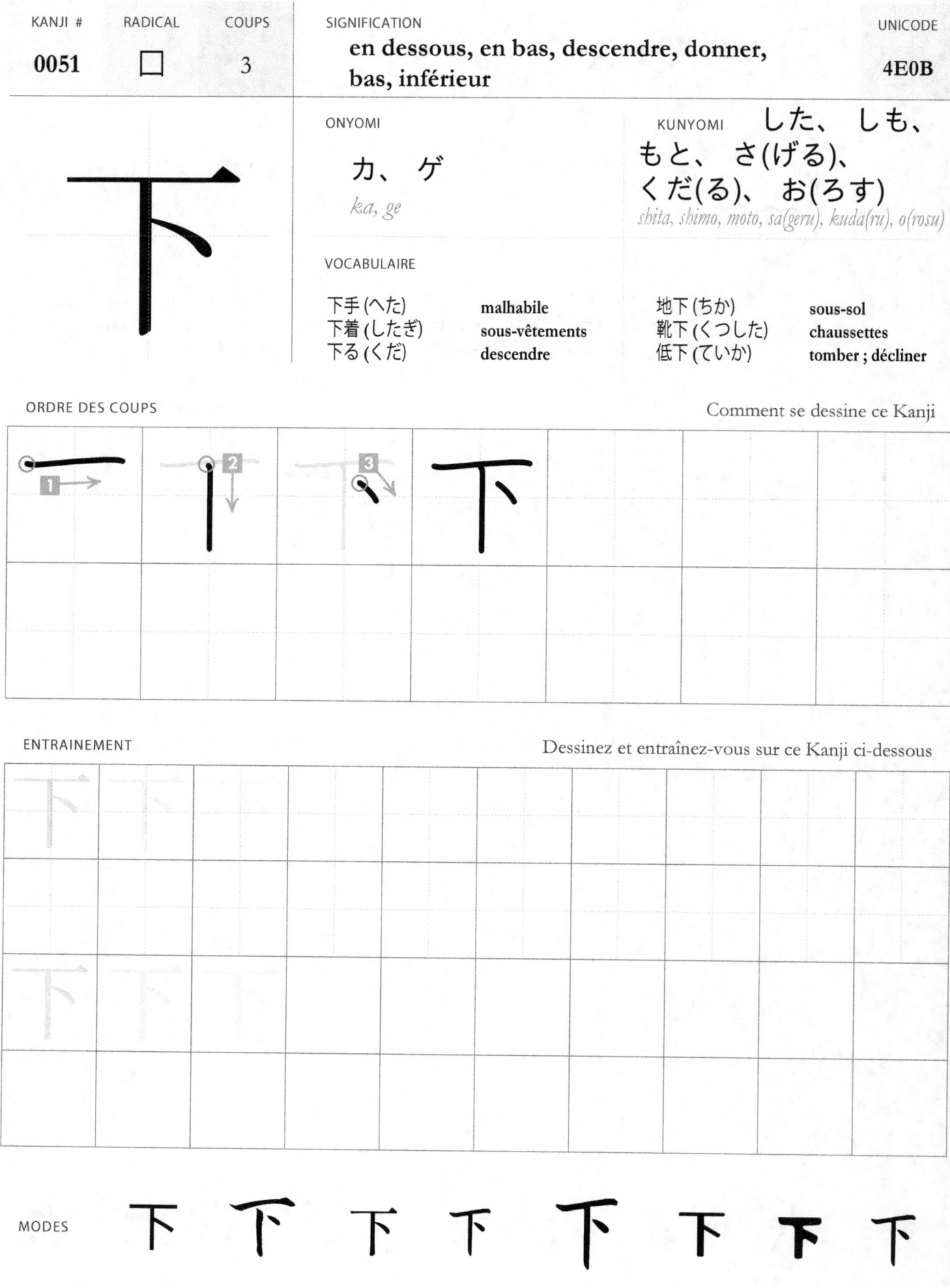

ONYOMI

カ、ゲ

ka, ge

KUNYOMI した、しも、もと、さ(げる)、くだ(る)、お(ろす)

shita, shimo, moto, sa(geru), kuda(ru), o(rosu)

VOCABULAIRE

下手 (へた)	malhabile	地下 (ちか)	sous-sol
下着 (したぎ)	sous-vêtements	靴下 (くつした)	chaussettes
下る (くだ)	descendre	低下 (ていか)	tomber ; décliner

ORDRE DES COUPS　　　　Comment se dessine ce Kanji

ENTRAINEMENT　　　　Dessinez et entraînez-vous sur ce Kanji ci-dessous

MODES　　下　下　下　下　下　下　下　下

ONYOMI

ライ、タイ

rai, tai

KUNYOMI

く.る、 きた.る、
き、 こ

kuru, kitaru, ki, ko

VOCABULAIRE

来年 (らいねん)	l'année prochaine	本来 (ほんらい)	à l'origine
来月 (らいげつ)	mois prochain	以来 (いらい)	depuis
来週 (らいしゅう)	semaine prochaine	外来 (がいらい)	étranger

ORDRE DES COUPS　　　　　　　　　　　　Comment se dessine ce Kanji

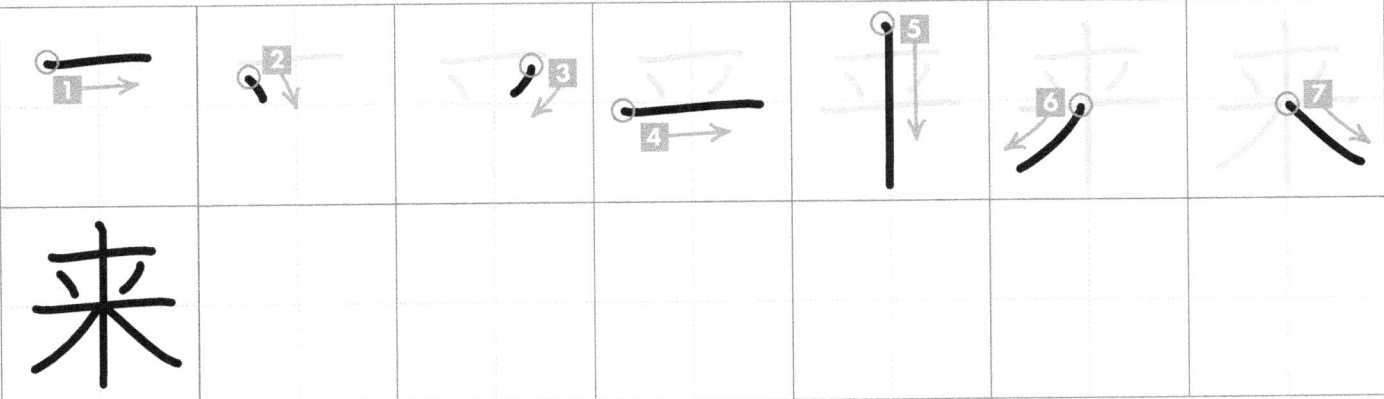

ENTRAINEMENT　　　　　　　Dessinez et entraînez-vous sur ce Kanji ci-dessous

MODES　　来　来　来　来　来　来　来　来

KANJI #	RADICAL	COUPS	SIGNIFICATION	UNICODE
2030	気	6	esprit, mental, air, atmosphère, humeur	6C17

ONYOMI

キ、ケ

ki, ke

KUNYOMI

いき

iki

VOCABULAIRE

気分 (きぶん)　　sentiment ; humeur　　電気 (でんき)　　électricité
気象 (きしょう)　temps ; climat　　　　病気 (びょうき)　maladie
気圧 (きあつ)　　pression atmosphérique　元気 (げんき)　vivant

ORDRE DES COUPS

Comment se dessine ce Kanji

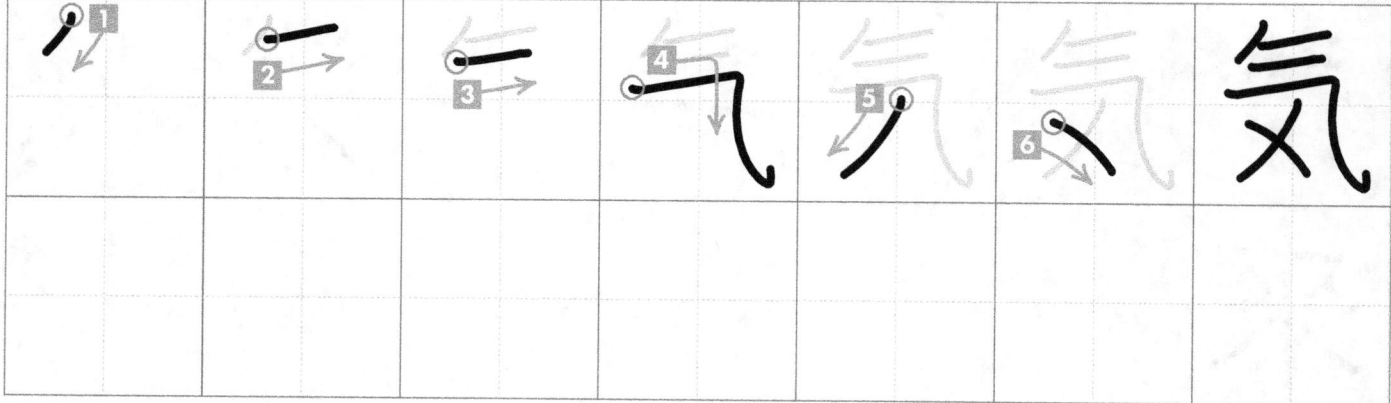

ENTRAINEMENT

Dessinez et entraînez-vous sur ce Kanji ci-dessous

MODES　　気　気　気　気　気　気　気　気

KANJI #	RADICAL	COUPS	SIGNIFICATION	UNICODE
0110	小	3	**petit, petite**	**5C0F**

小

ONYOMI

シヨウ

shou

KUNYOMI

ちい(さい)、
こ-、 お-、 さ-

chii(sai), ko-, o-, sa-

VOCABULAIRE

小供 (こども)	**enfant ; enfants**	大小 (だいしょう)	**grand et petit**
小説 (しょうせつ)	**roman**	縮小 (しゅくしょう)	**réduction**
小女 (しょうじょ)	**petite fille**	最小 (さいしょう)	**le plus petit**

ORDRE DES COUPS

Comment se dessine ce Kanji

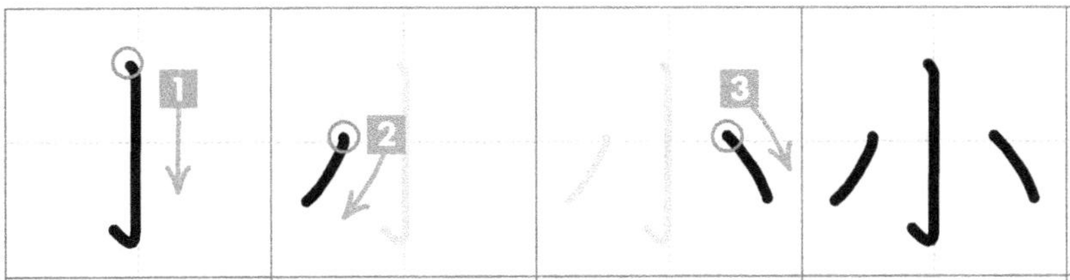

ENTRAINEMENT

Dessinez et entraînez-vous sur ce Kanji ci-dessous

MODES

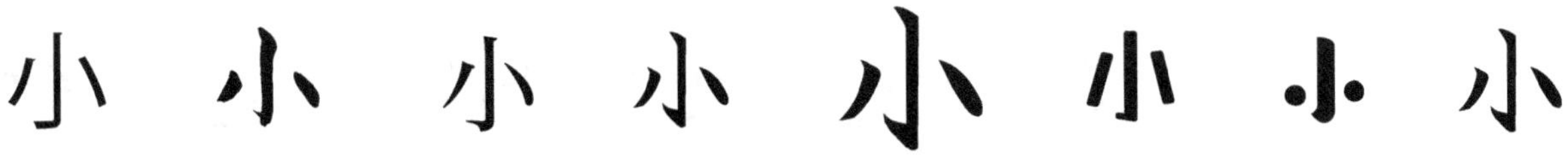

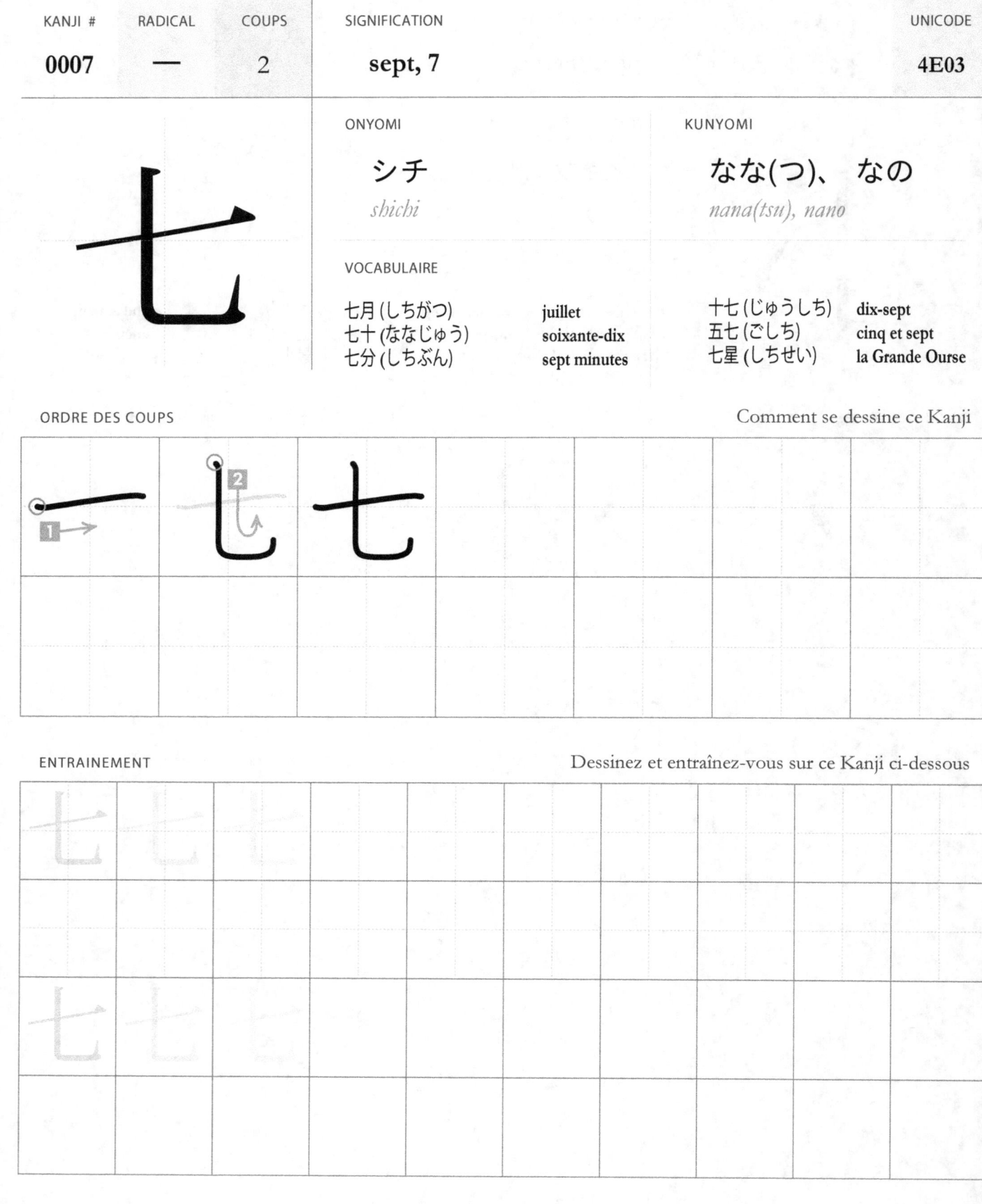

ONYOMI

シチ
shichi

KUNYOMI

なな(つ)、なの
nana(tsu), nano

VOCABULAIRE

七月 (しちがつ) — juillet
七十 (ななじゅう) — soixante-dix
七分 (しちぶん) — sept minutes

十七 (じゅうしち) — dix-sept
五七 (ごしち) — cinq et sept
七星 (しちせい) — la Grande Ourse

ORDRE DES COUPS

Comment se dessine ce Kanji

ENTRAINEMENT

Dessinez et entraînez-vous sur ce Kanji ci-dessous

MODES 七 七 七 七 七 七 七 七

ONYOMI

サン、セン
san, sen

KUNYOMI

やま
yama

VOCABULAIRE

山間 (さんかん)	parmi les montagnes	火山 (かざん)	volcan
山脈 (さんみゃく)	chaîne de montagnes	登山 (とざん)	escalade de montagne
山岳 (さんがく)	montagnes	本山 (ほんざん)	temple de la tête

ORDRE DES COUPS Comment se dessine ce Kanji

ENTRAINEMENT Dessinez et entraînez-vous sur ce Kanji ci-dessous

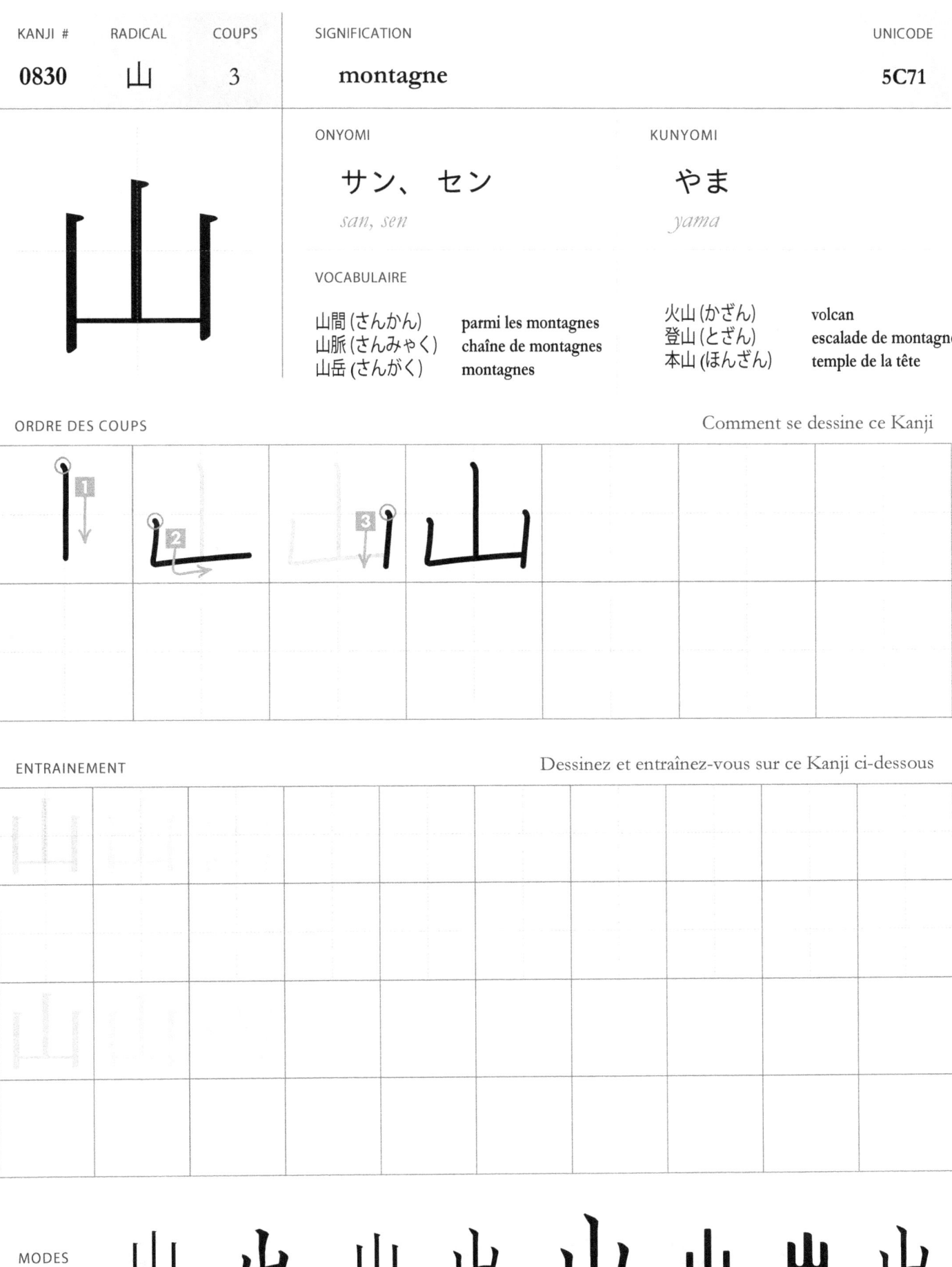

MODES 山 山 山 山 山 山 山 山

KANJI #	RADICAL	COUPS	SIGNIFICATION	UNICODE
0368	言	13	conte, parler	8A71

話

ONYOMI

ワ

wa

KUNYOMI

はな(す)、 はなし

hana(su), hanashi

VOCABULAIRE

話題 (わだい) sujet, thème
話中 (はなしちゅう) occupé (téléphone)
話々 (はなしばなし) petite conversation

会話 (かいわ) conversation
世話 (せわ) s'occuper de
神話 (しんわ) mythe ; légende

ORDRE DES COUPS

Comment se dessine ce Kanji

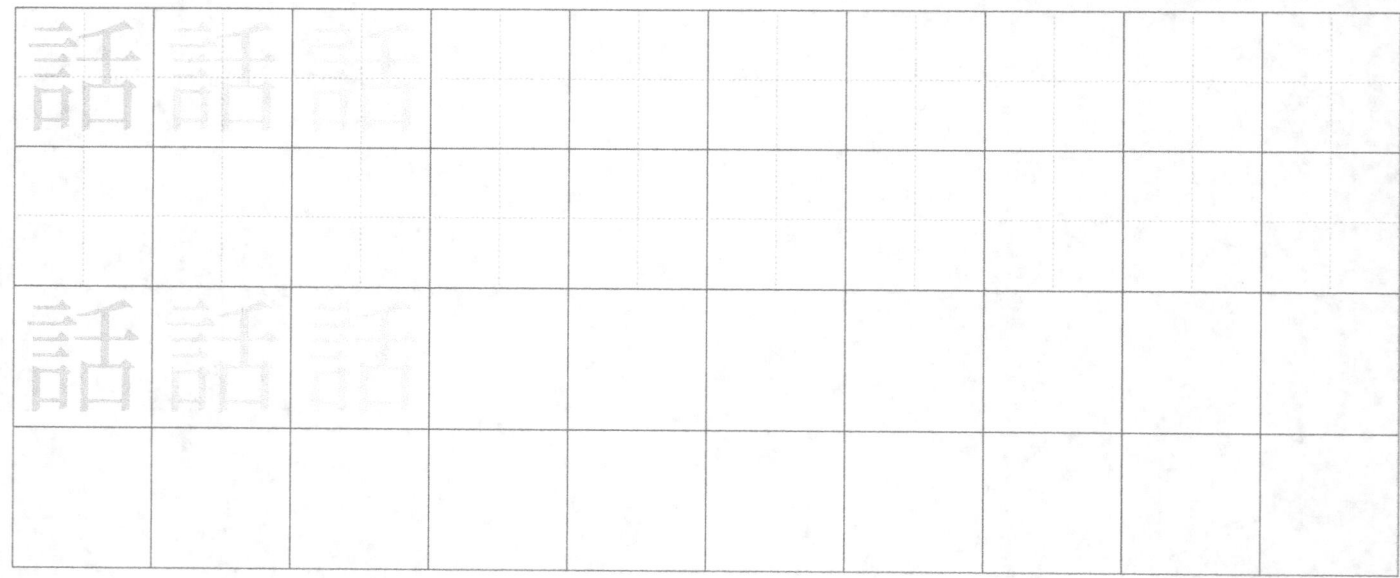

ENTRAINEMENT

Dessinez et entraînez-vous sur ce Kanji ci-dessous

MODES 話 話 話 話 話 話 話 話

KANJI #	RADICAL	COUPS	SIGNIFICATION	UNICODE
0102	女	3	**femme, femelle**	**5973**

ONYOMI

ジョ

jo

KUNYOMI

おんな、め

onnna, me

VOCABULAIRE

女神 (めがみ)	femme, femelle
女子 (じょし)	femme ; fille
女優 (じょゆう)	actrice

彼女 (かのじょ)	elle
男女 (だんじょ)	hommes et femmes
王女 (おうじょ)	princesse

ORDRE DES COUPS

Comment se dessine ce Kanji

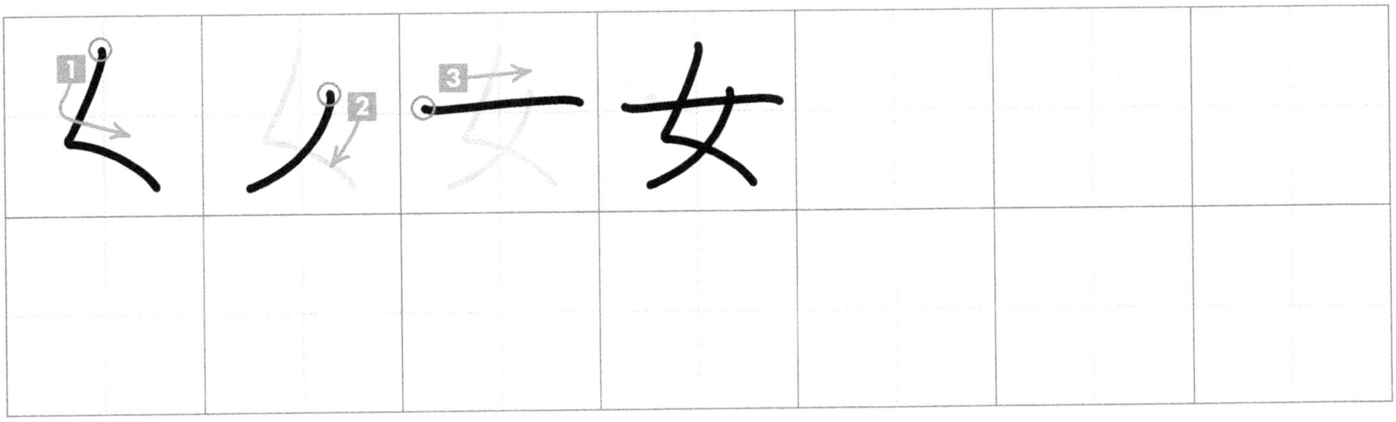

く く ノ 一 女

ENTRAINEMENT

Dessinez et entraînez-vous sur ce Kanji ci-dessous

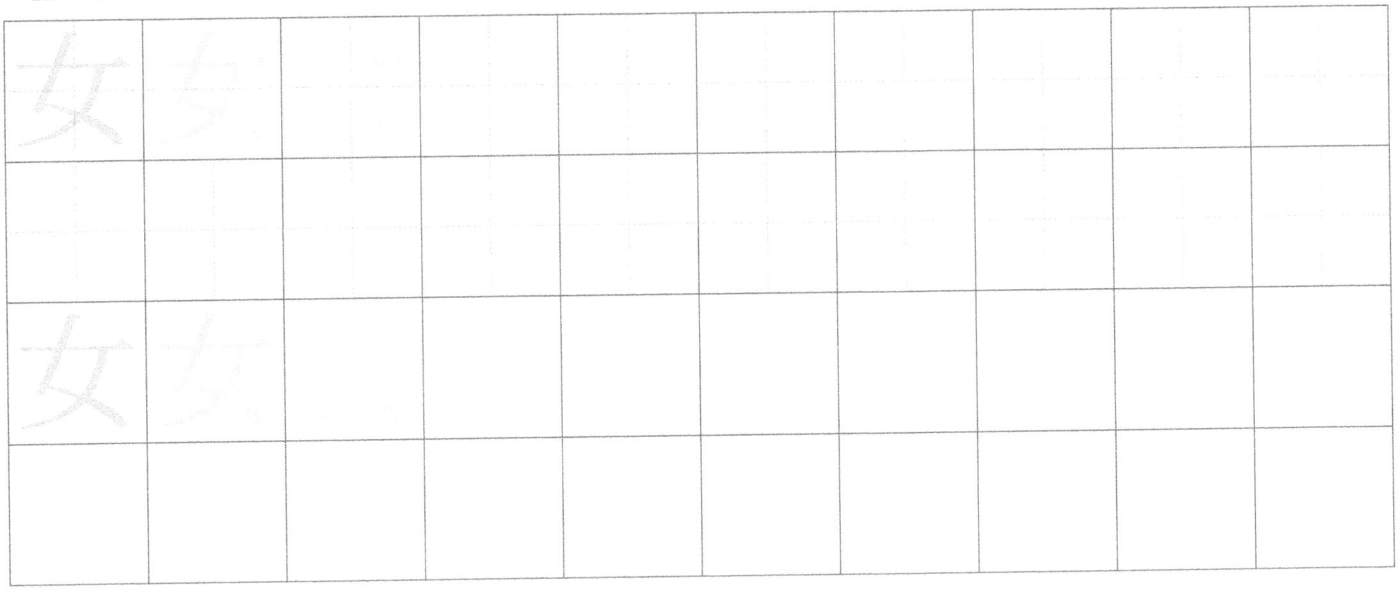

MODES   女 女 女 女 女 女 女 女

KANJI #	RADICAL	COUPS	SIGNIFICATION	UNICODE
0480	匕	5	nord	5317

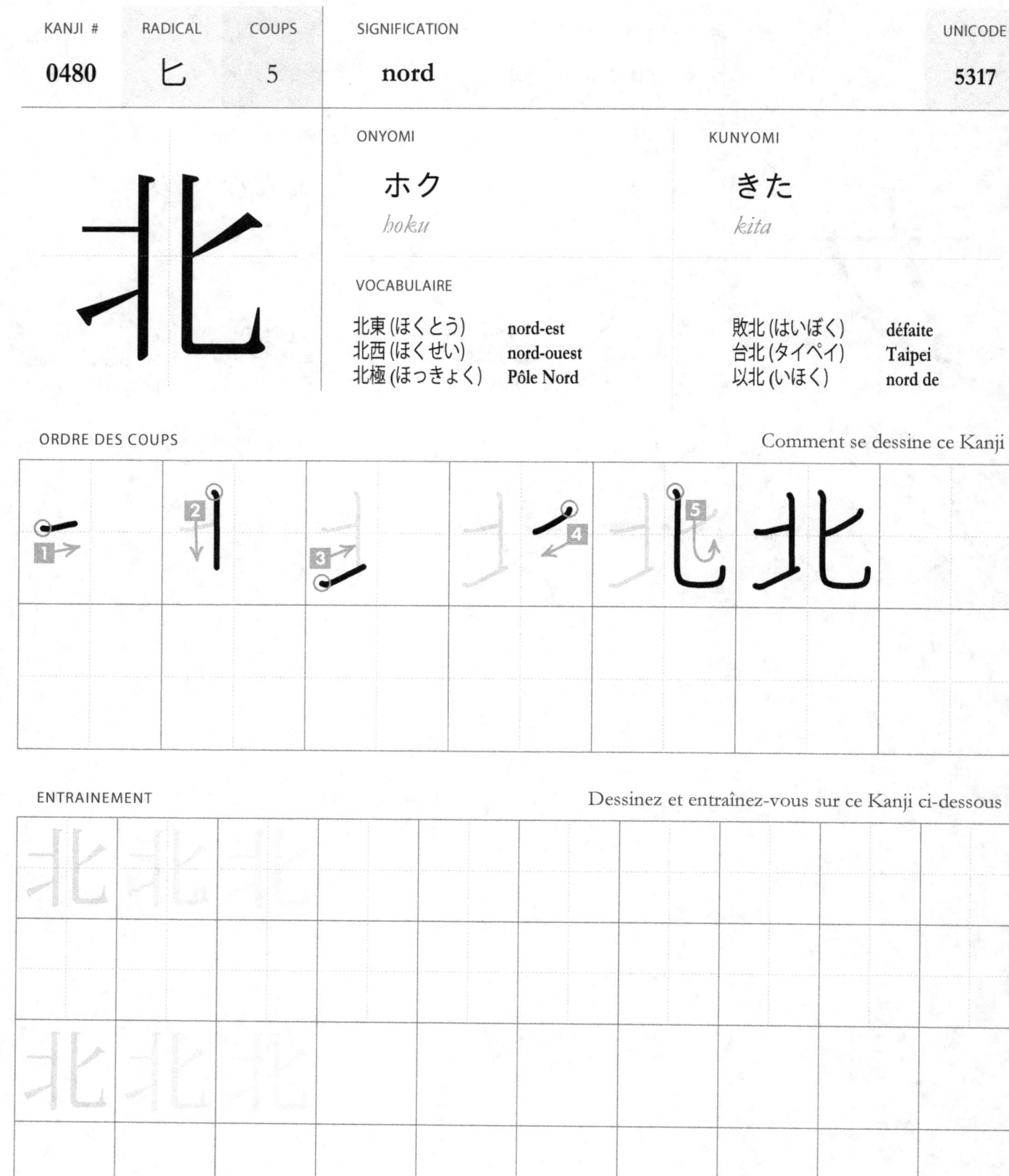

ONYOMI

ホク
hoku

KUNYOMI

きた
kita

VOCABULAIRE

北東 (ほくとう)　　nord-est
北西 (ほくせい)　　nord-ouest
北極 (ほっきょく)　Pôle Nord

敗北 (はいぼく)　　défaite
台北 (タイペイ)　　Taipei
以北 (いほく)　　　nord de

ORDRE DES COUPS

Comment se dessine ce Kanji

ENTRAINEMENT

Dessinez et entraînez-vous sur ce Kanji ci-dessous

MODES　　北　北　北　北　北　北　北　北

KANJI #	RADICAL	COUPS	SIGNIFICATION	UNICODE
0610	十	4	**midi, signe du cheval**	**5348**

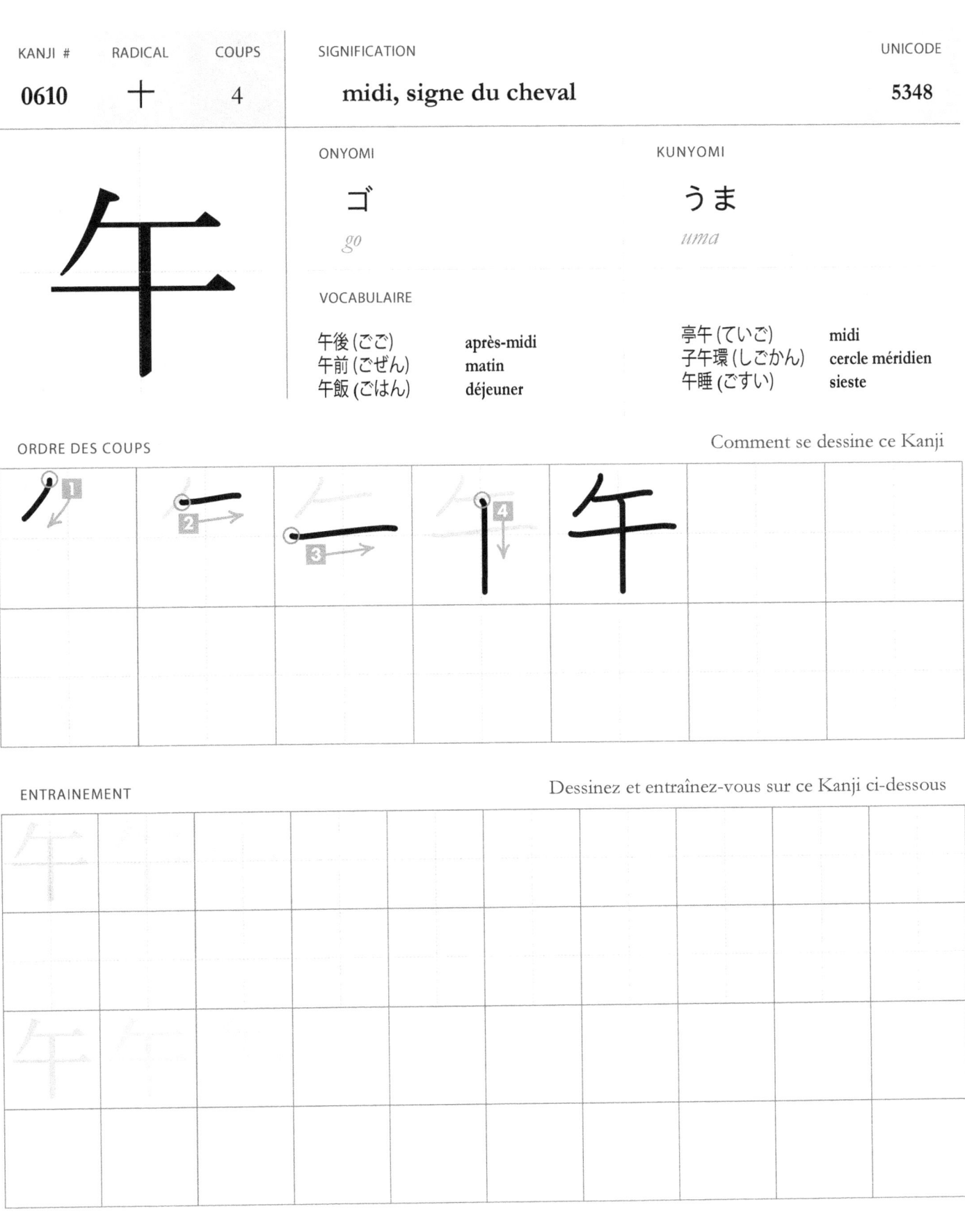

ONYOMI

ゴ

go

KUNYOMI

うま

uma

VOCABULAIRE

午後 (ごご)	après-midi	亭午 (ていご)	midi
午前 (ごぜん)	matin	子午環 (しごかん)	cercle méridien
午飯 (ごはん)	déjeuner	午睡 (ごすい)	sieste

ORDRE DES COUPS

Comment se dessine ce Kanji

ENTRAINEMENT

Dessinez et entraînez-vous sur ce Kanji ci-dessous

MODES 午 午 午 午 午 午 午 午

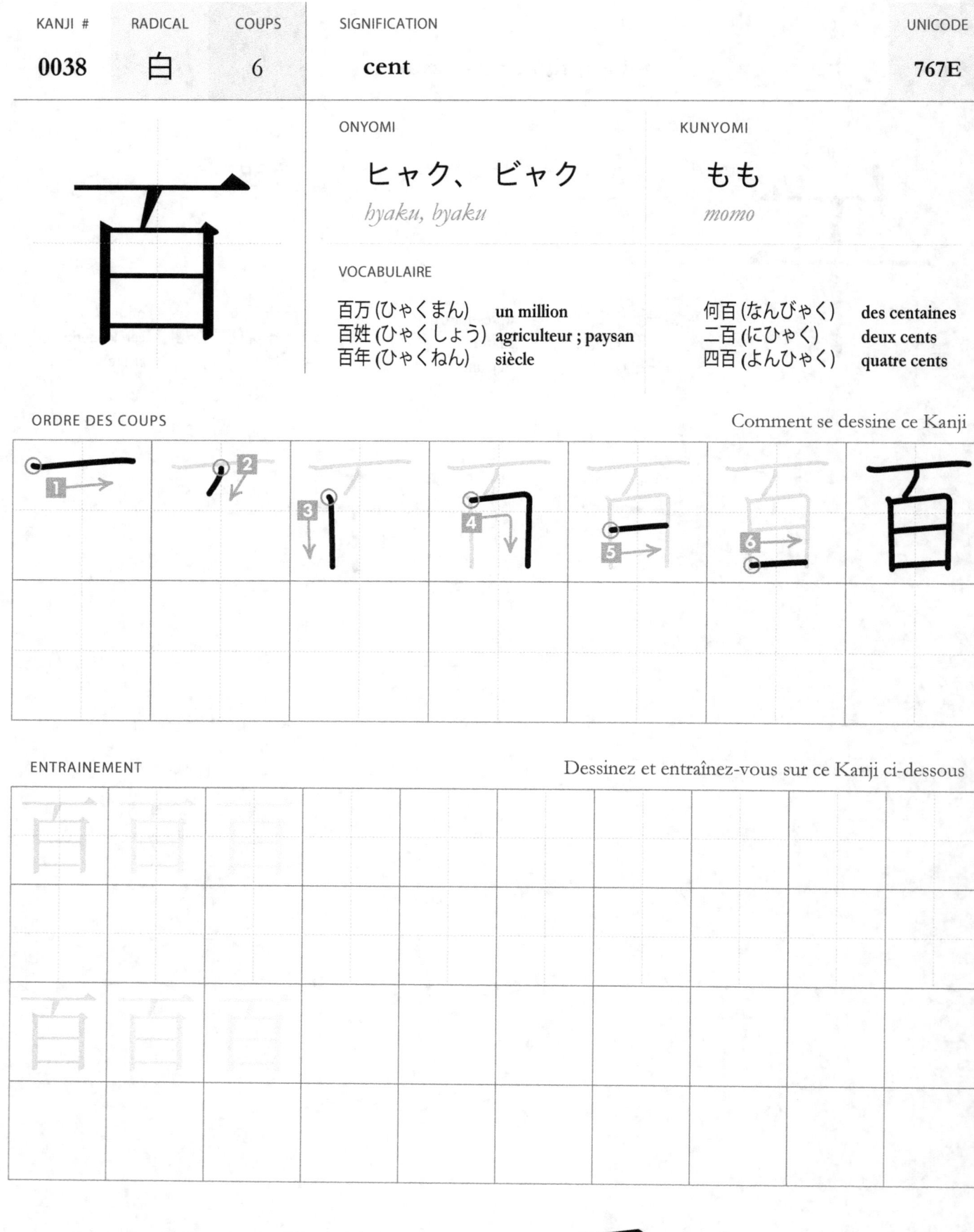

ONYOMI

ヒャク、ビャク
hyaku, byaku

KUNYOMI

もも
momo

VOCABULAIRE

百万 (ひゃくまん)　un million
百姓 (ひゃくしょう)　agriculteur ; paysan
百年 (ひゃくねん)　siècle

何百 (なんびゃく)　des centaines
二百 (にひゃく)　deux cents
四百 (よんひゃく)　quatre cents

ORDRE DES COUPS

Comment se dessine ce Kanji

ENTRAINEMENT

Dessinez et entraînez-vous sur ce Kanji ci-dessous

MODES 　百 百 百 百 百 百 百 百

ONYOMI

ショ
sho

KUNYOMI

か(く)
kaku

VOCABULAIRE

書類 (しょるい)	documents	読書 (どくしょ)	lecture
書店 (しょてん)	librairie ; bookstore	辞書 (じしょ)	dictionnaire
書物 (しょもつ)	livres	白書 (はくしょ)	papier blanc

ORDRE DES COUPS

Comment se dessine ce Kanji

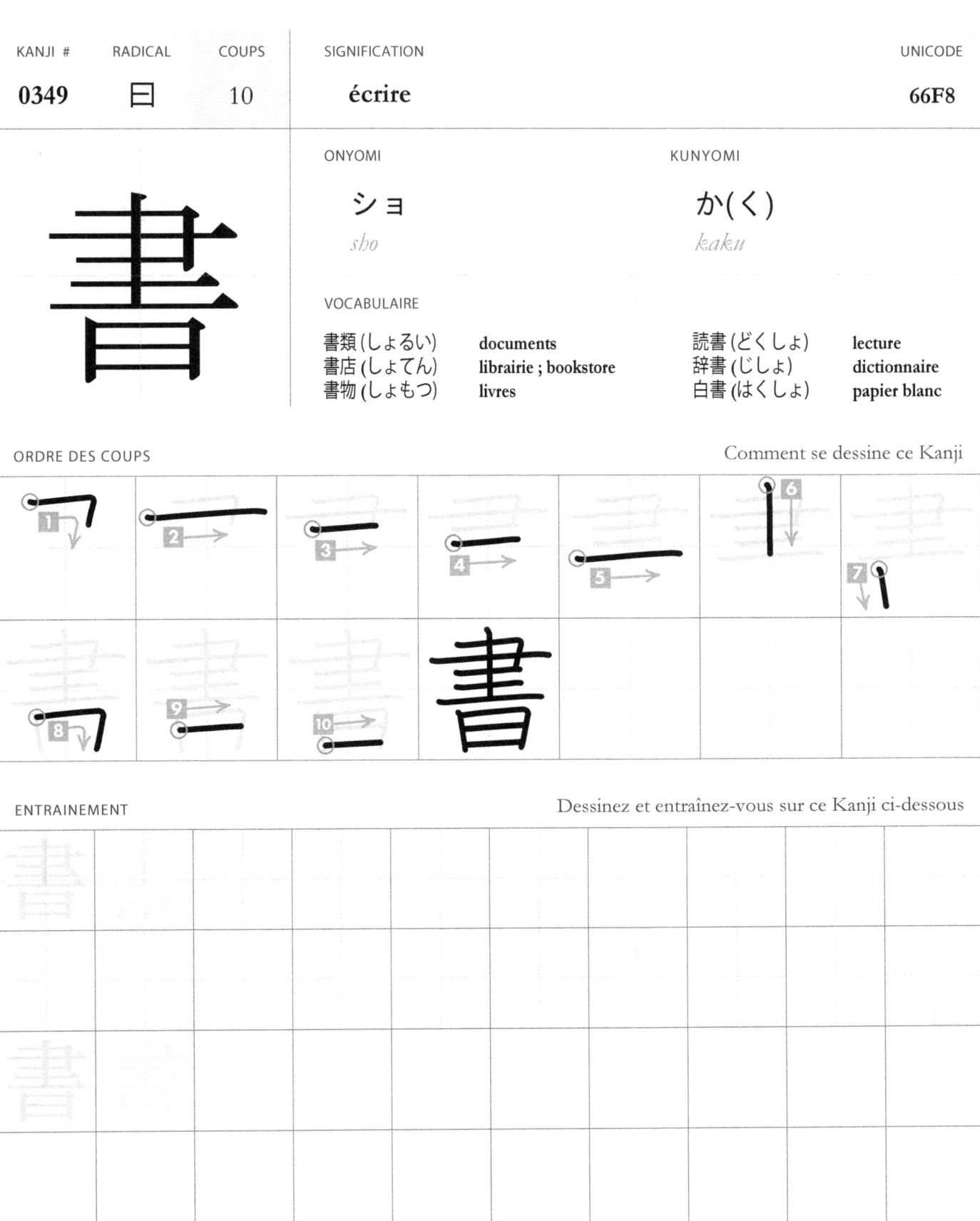

ENTRAINEMENT

Dessinez et entraînez-vous sur ce Kanji ci-dessous

MODES 書 書 書 書 書 書 書 書

KANJI #	RADICAL	COUPS	SIGNIFICATION	UNICODE
0263	儿	6	**avant, devant, précédent, futur, préséance**	5148

先

ONYOMI

セン
sen

KUNYOMI

さき、ま(ず)
saki, ma(zu)

VOCABULAIRE

先生 (せんせい)　professeur ; maître
先月 (せんげつ)　Mois dernier
先祖 (せんぞ)　ancêtre

出先 (でさき)　destination
　　　　　　　d'une personne
目先 (めさき)　futur proche

ORDRE DES COUPS

Comment se dessine ce Kanji

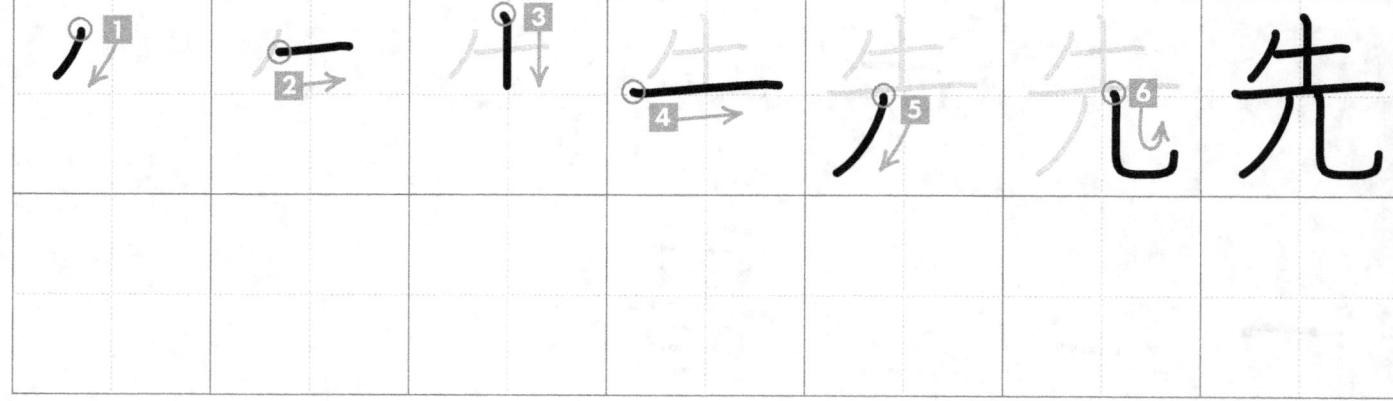

ENTRAINEMENT

Dessinez et entraînez-vous sur ce Kanji ci-dessous

MODES　先　先　先　先　先　先　先　先

名

ONYOMI

メイ、ミョウ

mei, myou

KUNYOMI

な

na

VOCABULAIRE

名人 (めいじん)	maître ; expert	有名 (ゆうめい)	célèbre
名字 (みょうじ)	nom de famille	本名 (ほんみょう)	nom réel
名作 (めいさく)	chef-d'œuvre	題名 (だいめい)	titre

ORDRE DES COUPS

Comment se dessine ce Kanji

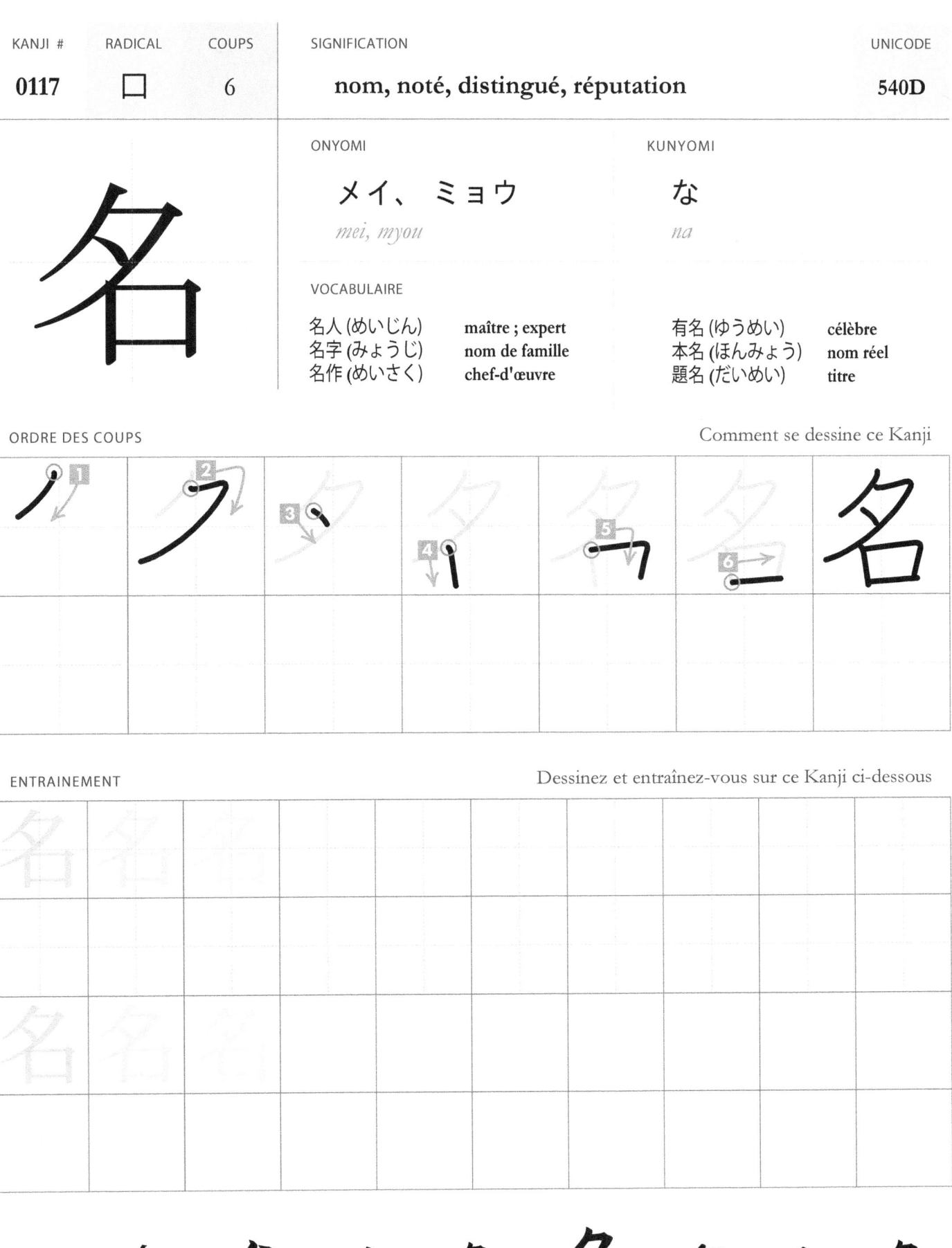

ENTRAINEMENT

Dessinez et entraînez-vous sur ce Kanji ci-dessous

MODES   名 名 名 名 名 名 名 名

ONYOMI

セン
sen

KUNYOMI

かわ
kawa

VOCABULAIRE

川口 (かわぐち)　embouchure de la rivière
川端 (かわばた)　rive du fleuve
川下 (かわしも)　en aval

河川 (かせん)　rivières
谷川 (たにがわ)　rivière de montagne
大川 (おおかわ)　grande rivière

ORDRE DES COUPS

Comment se dessine ce Kanji

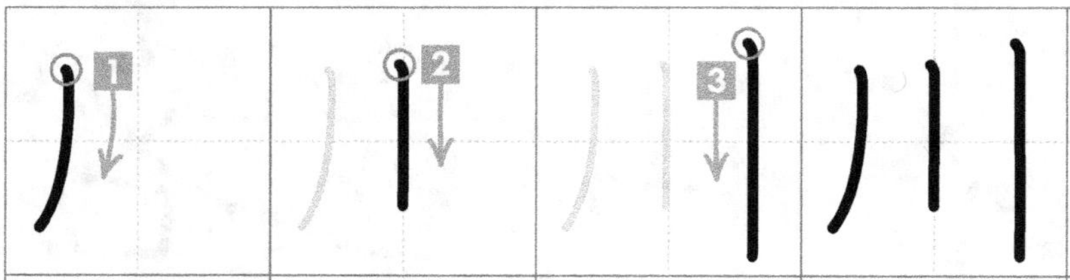

ENTRAINEMENT

Dessinez et entraînez-vous sur ce Kanji ci-dessous

MODES　川　川　川　川　川　川　川　川

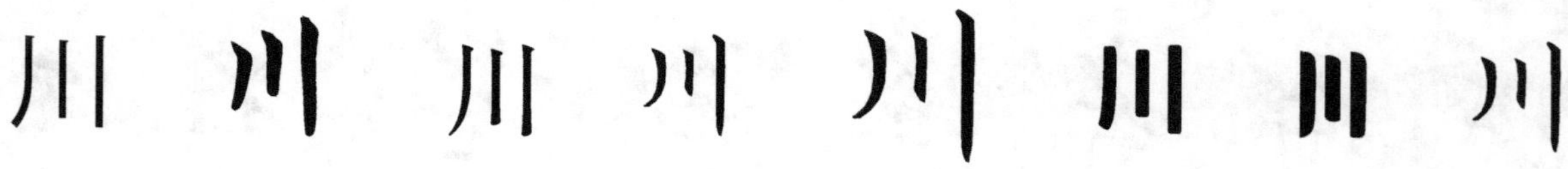

KANJI #	RADICAL	COUPS	SIGNIFICATION	UNICODE
0040	十	3	**mille**	**5343**

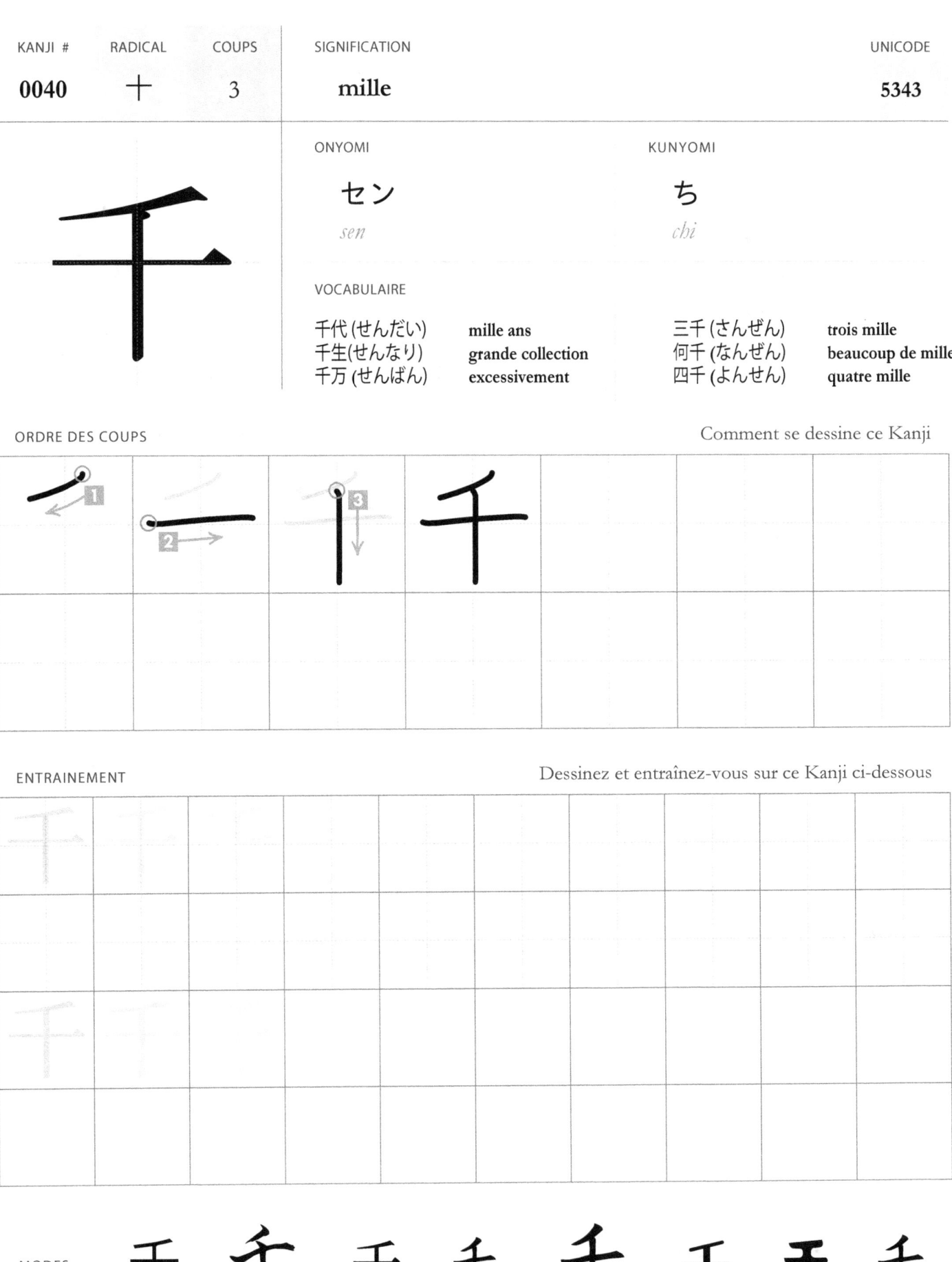

ONYOMI

セン
sen

KUNYOMI

ち
chi

VOCABULAIRE

千代 (せんだい)	mille ans	三千 (さんぜん)	trois mille
千生 (せんなり)	grande collection	何千 (なんぜん)	beaucoup de mille
千万 (せんばん)	excessivement	四千 (よんせん)	quatre mille

ORDRE DES COUPS

Comment se dessine ce Kanji

ENTRAINEMENT

Dessinez et entraînez-vous sur ce Kanji ci-dessous

MODES 千 千 千 千 千 千 千

KANJI #	RADICAL	COUPS	SIGNIFICATION	UNICODE
0137	水	4	**eau**	**6C34**

水

ONYOMI

スイ

sui

KUNYOMI

みず

mizu

VOCABULAIRE

水道 (すいどう)	**approvisionnement en eau**
水泳 (すいえい)	**natation**
水中 (すいちゅう)	**sous-marine**
下水 (げすい)	**évacuation d'eau**
洪水 (こうずい)	**inondation**
海水 (かいすい)	**eau de l'océan**

ORDRE DES COUPS

Comment se dessine ce Kanji

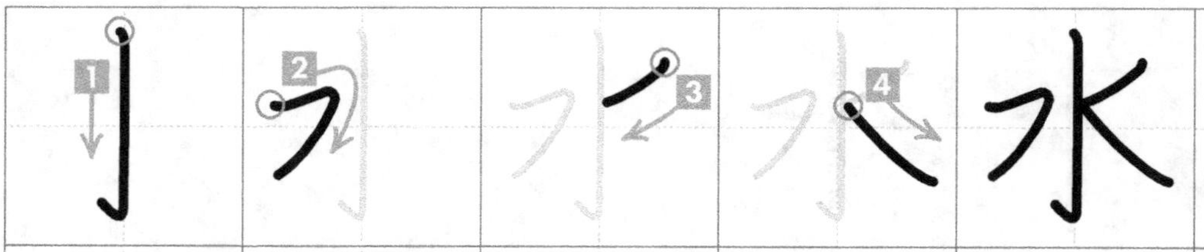

ENTRAINEMENT

Dessinez et entraînez-vous sur ce Kanji ci-dessous

MODES 水 水 水 水 水 水 水 水

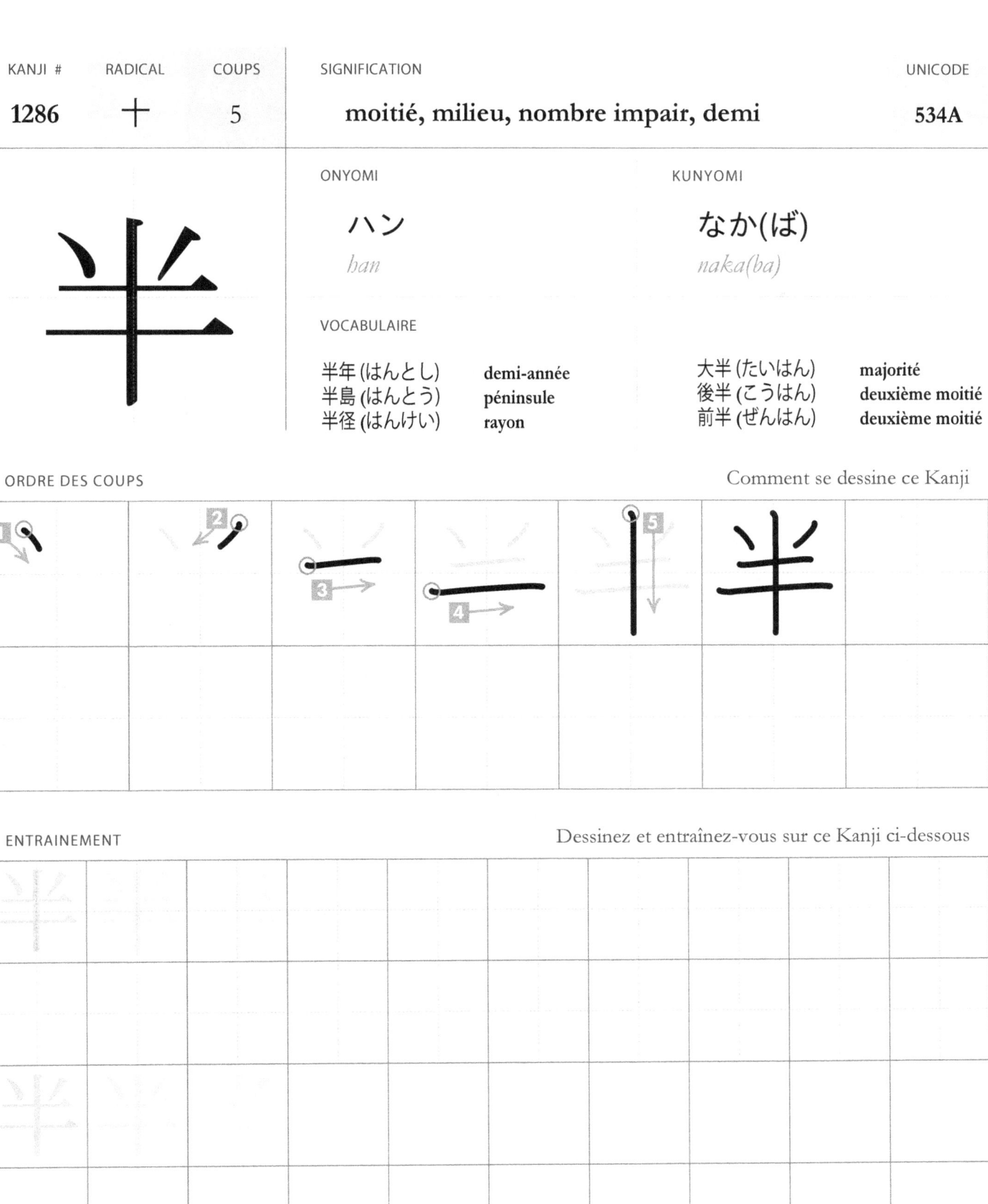

ONYOMI

ハン

han

KUNYOMI

なか(ば)

naka(ba)

VOCABULAIRE

半年 (はんとし)	demi-année		大半 (たいはん)	majorité
半島 (はんとう)	péninsule		後半 (こうはん)	deuxième moitié
半径 (はんけい)	rayon		前半 (ぜんはん)	deuxième moitié

ORDRE DES COUPS

Comment se dessine ce Kanji

ENTRAINEMENT

Dessinez et entraînez-vous sur ce Kanji ci-dessous

MODES   半 半 半 半 半 半 半 半

KANJI #	RADICAL	COUPS	SIGNIFICATION	UNICODE
0923	田	7	**mâle, homme**	7537

ONYOMI

ダン、ナン

dan, nan

KUNYOMI

おとこ、お

otoko, o

VOCABULAIRE

男子 (だんし)　jeune ; jeune homme
男前 (おとこまえ)　bel homme
男優 (だんゆう)　acteur

長男 (ちょうなん)　fils aîné
三男 (さんなん)　trois fils
次男 (じなん)　deuxième fils

ORDRE DES COUPS

Comment se dessine ce Kanji

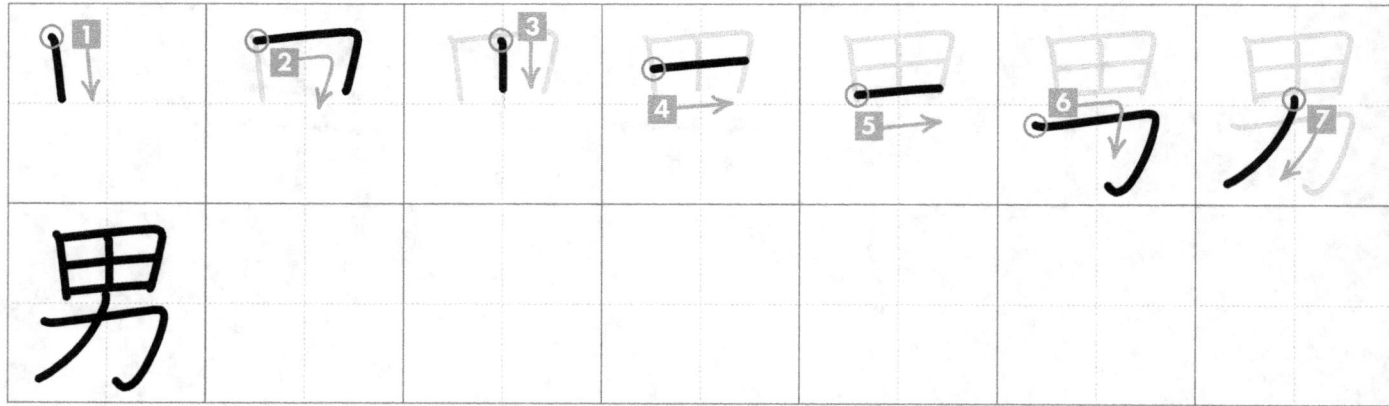

ENTRAINEMENT

Dessinez et entraînez-vous sur ce Kanji ci-dessous

MODES　男　男　男　男　男　男　男　男

KANJI #	RADICAL	COUPS	SIGNIFICATION	UNICODE
1728	西	6	**ouest**	**897F**

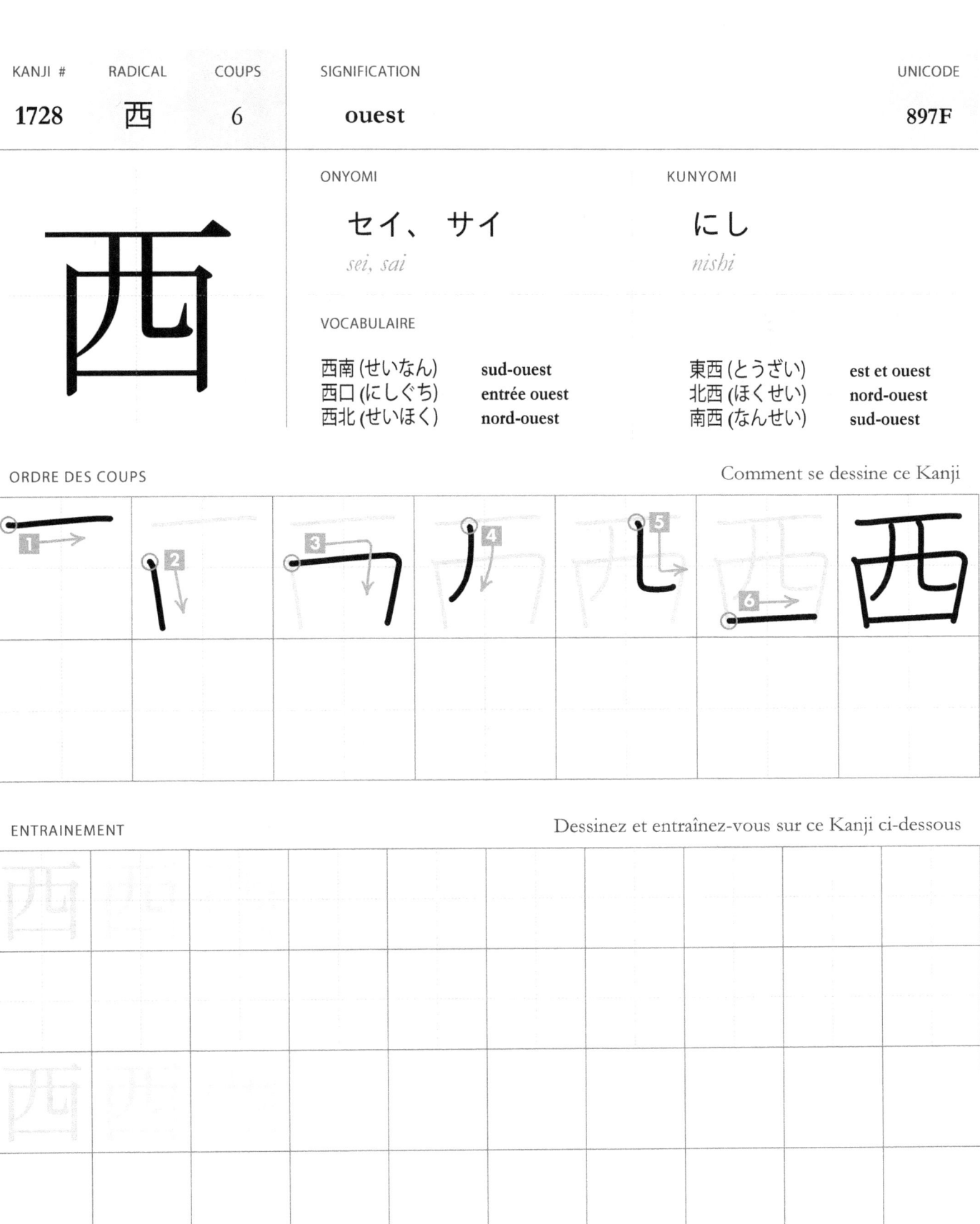

ONYOMI

セイ、サイ

sei, sai

KUNYOMI

にし

nishi

VOCABULAIRE

西南 (せいなん)　sud-ouest
西口 (にしぐち)　entrée ouest
西北 (せいほく)　nord-ouest

東西 (とうざい)　est et ouest
北西 (ほくせい)　nord-ouest
南西 (なんせい)　sud-ouest

ORDRE DES COUPS

Comment se dessine ce Kanji

ENTRAINEMENT

Dessinez et entraînez-vous sur ce Kanji ci-dessous

MODES　西　西　西　西　西　西　西　西

KANJI #	RADICAL	COUPS	SIGNIFICATION	UNICODE
0574	雨	13	électricité, énergie électrique	96FB

電

ONYOMI

デン

den

VOCABULAIRE

電車 (でんしゃ)　train électrique
電話 (でんわ)　appel téléphonique
電力 (でんりょく)　énergie électrique

終電 (しゅうでん)　dernier train
外電 (がいでん)　télégramme étranger
送電 (そうでん)　alimentation électrique

ORDRE DES COUPS　　　Comment se dessine ce Kanji

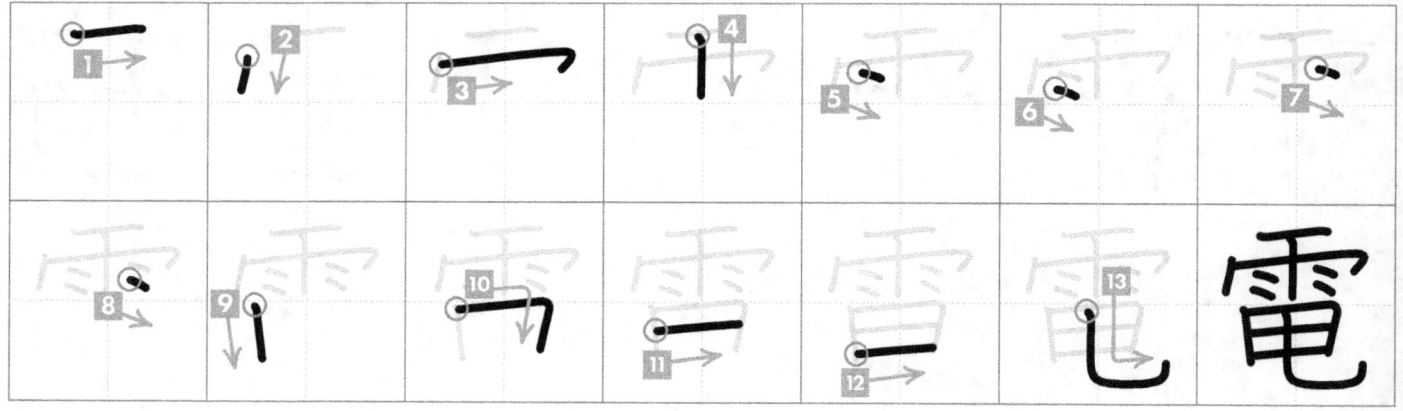

ENTRAINEMENT　　　Dessinez et entraînez-vous sur ce Kanji ci-dessous

MODES　電　電　電　電　電　電　電　電

校

ONYOMI

コウ
kou

VOCABULAIRE

校長 (こうちょう)   directeur
校舎 (こうしゃ)   bâtiment scolaire
校庭 (こうてい)   cour d'école

母校 (ぼこう)   alma mater
登校 (とうこう)   aller à l'école
分校 (ぶんこう)   école secondaire

ORDRE DES COUPS

Comment se dessine ce Kanji

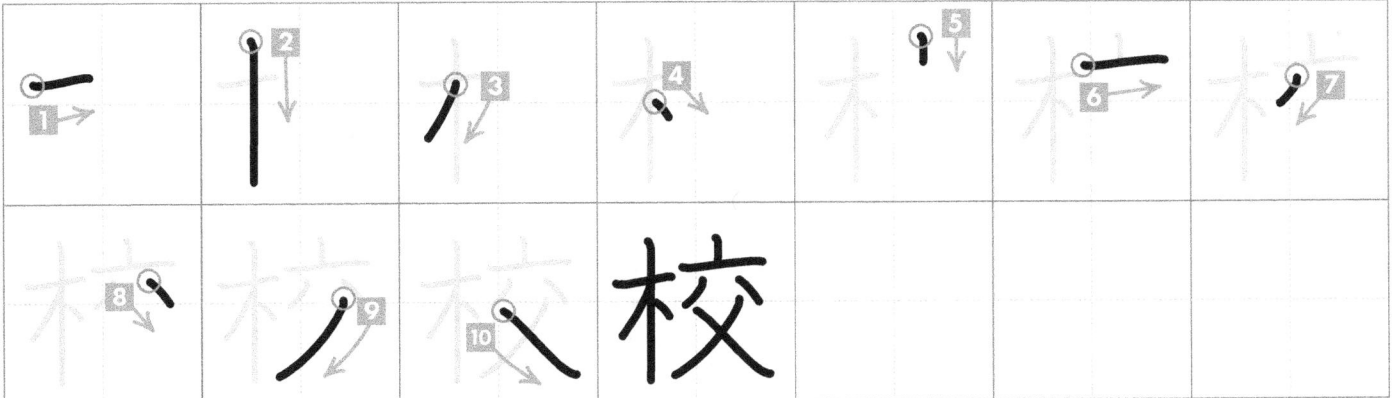

ENTRAINEMENT

Dessinez et entraînez-vous sur ce Kanji ci-dessous

MODES   校 校 校 校 校 校 校 校

KANJI #	RADICAL	COUPS	SIGNIFICATION	UNICODE
0371	言	14	mot, parole, langue	8A9E

語

ONYOMI

ゴ

go

KUNYOMI

かた(る)

kata(ru)

VOCABULAIRE

語学 (ごがく)　étude de la langue
語句 (ごく)　mots ; phrases
語気 (ごき)　manière de parler

用語 (ようご)　terme ; terminologie
物語 (ものがたり)　conte ; histoire
国語 (こくご)　langue nationale

ORDRE DES COUPS

Comment se dessine ce Kanji

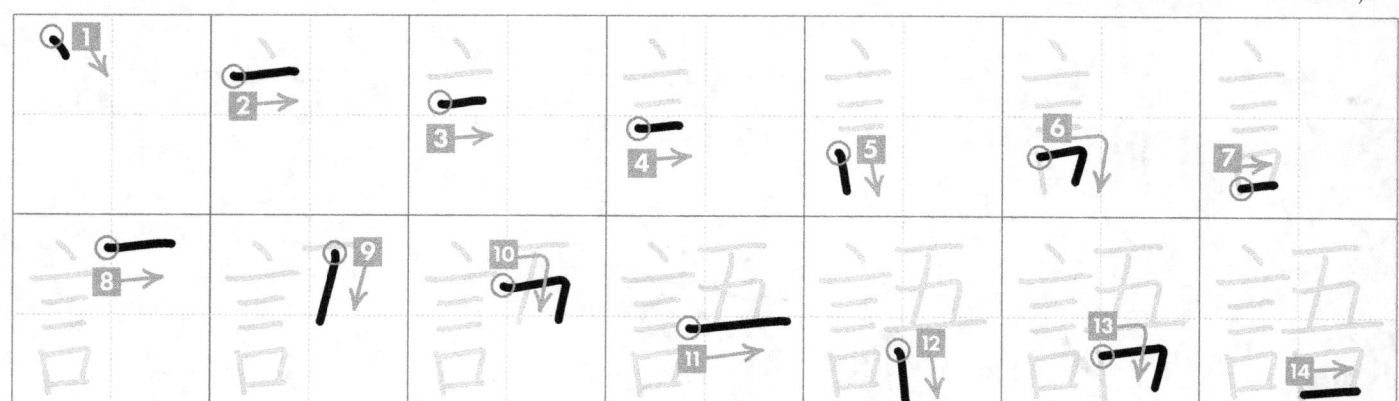

ENTRAINEMENT

Dessinez et entraînez-vous sur ce Kanji ci-dessous

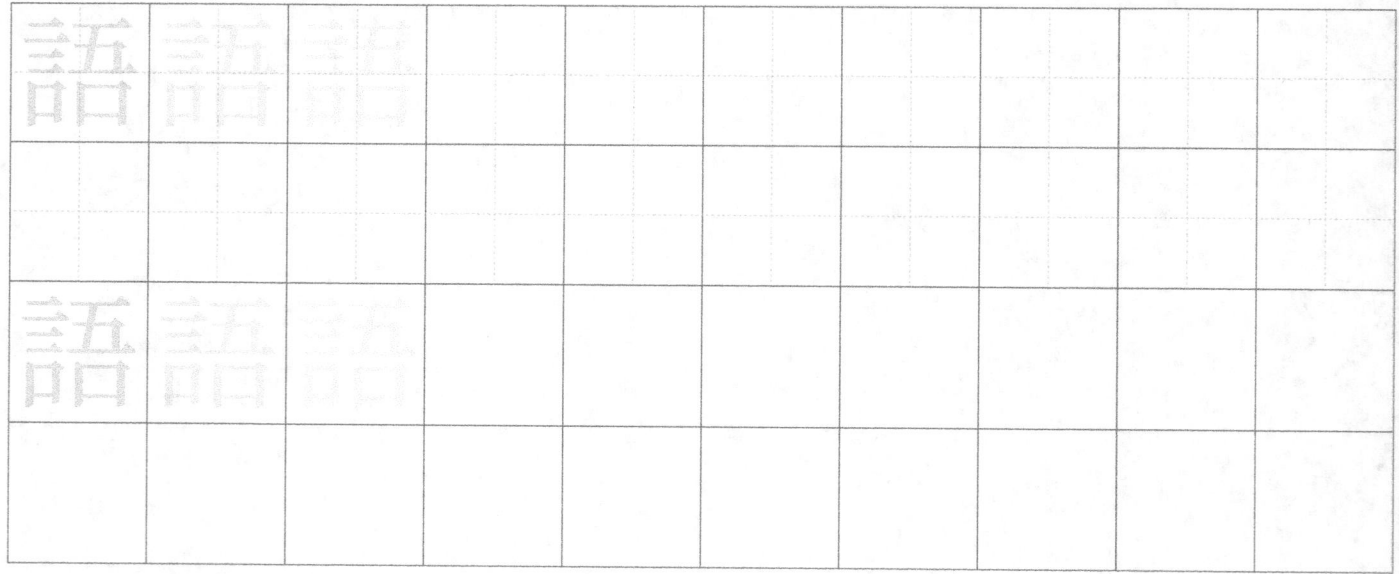

MODES　語 語 語 語 語 語 語 語

KANJI #	RADICAL	COUPS	SIGNIFICATION	UNICODE
0161	土	3	**sol, terre, terrain**	**571F**

ONYOMI

ド、ト
do, to

KUNYOMI

つち
tsuchi

VOCABULAIRE

土地 (とち)　　parcelle de terre
土圭 (とけい)　montre ; horloge
土曜 (どよう)　samedi

国土 (こくど)　　pays ; territoire
領土 (りょうど)　domination
本土 (ほんど)　　continent

ORDRE DES COUPS

Comment se dessine ce Kanji

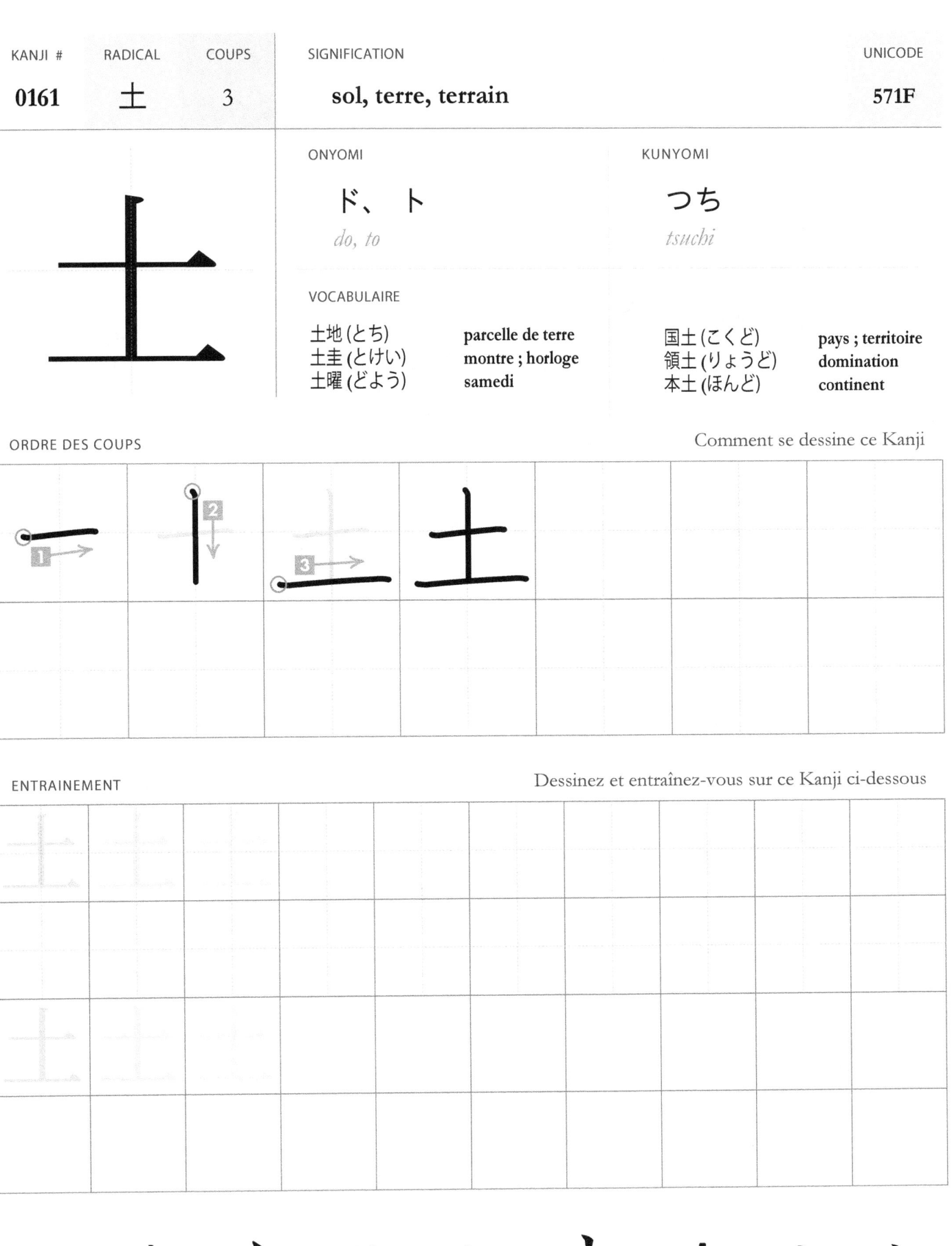

ENTRAINEMENT

Dessinez et entraînez-vous sur ce Kanji ci-dessous

MODES　　土　土　土　土　土　土　土　土

KANJI #	RADICAL	COUPS	SIGNIFICATION	UNICODE
0207	木	4	**arbre, bois**	6728

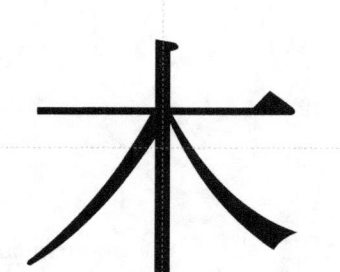

ONYOMI

ボク、モク
boku, moku

KUNYOMI

き、こ-
ki, ko

VOCABULAIRE

木曜 (もくよう)　jeudi
木材 (もくざい)　bois d'œuvre ;
　　　　　　　　 bois de construction
木立 (こだち)　 bosquet d'arbres

土木 (どぼく)　travaux d'ingénierie
大木 (たいぼく)　grand arbre
並木 (なみき)　arbre en bordure
　　　　　　　 de route

ORDRE DES COUPS　　　　　　　　　　　　　Comment se dessine ce Kanji

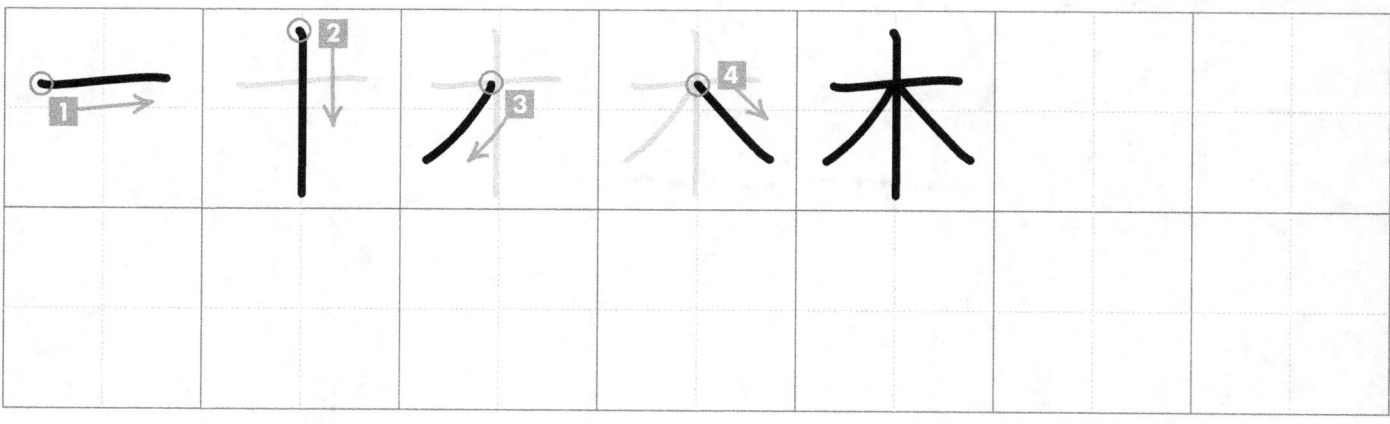

ENTRAINEMENT　　　　　　　Dessinez et entraînez-vous sur ce Kanji ci-dessous

MODES　　木　木　木　木　木　木　木　木

聞

ONYOMI

ブン、モン
bun, mon

KUNYOMI

き(く)
ki(ku)

VOCABULAIRE

聞く (き) — entendre ; écouter
聞き (き) — entendre
聞ゆる (きこ) — célèbre ; célébré

新聞 (しんぶん) — journal
見聞 (けんぶん) — information
聴聞 (ちょうもん) — écouter ; entendre

ORDRE DES COUPS

Comment se dessine ce Kanji

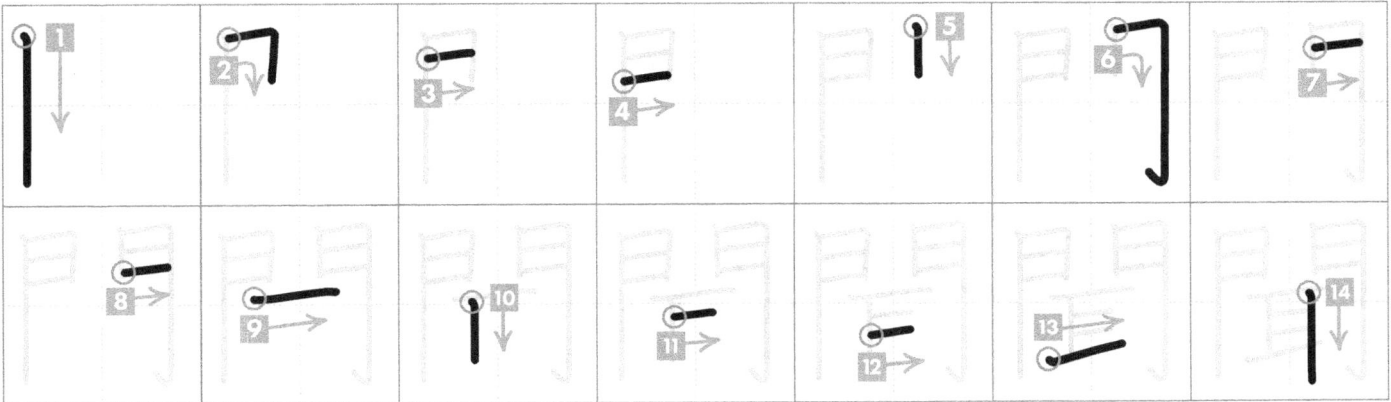

ENTRAINEMENT

Dessinez et entraînez-vous sur ce Kanji ci-dessous

MODES 聞 聞 聞 聞 聞 聞 聞 聞

ONYOMI

ショク、ジキ

shoku, jiki

KUNYOMI

く(う)、 た(べる)、
は(む)

k(u), ta(beru), ha(mu)

VOCABULAIRE

食事 (しょくじ)   repas
食品 (しょくひん)   nourriture ; produits alimentaires
食堂 (しょくどう)   salle à manger

夕食 (ゆうしょく)   repas du soir
昼食 (ちゅうしょく)   repas de midi
朝食 (ちょうしょく)   petit-déjeuner

ORDRE DES COUPS

Comment se dessine ce Kanji

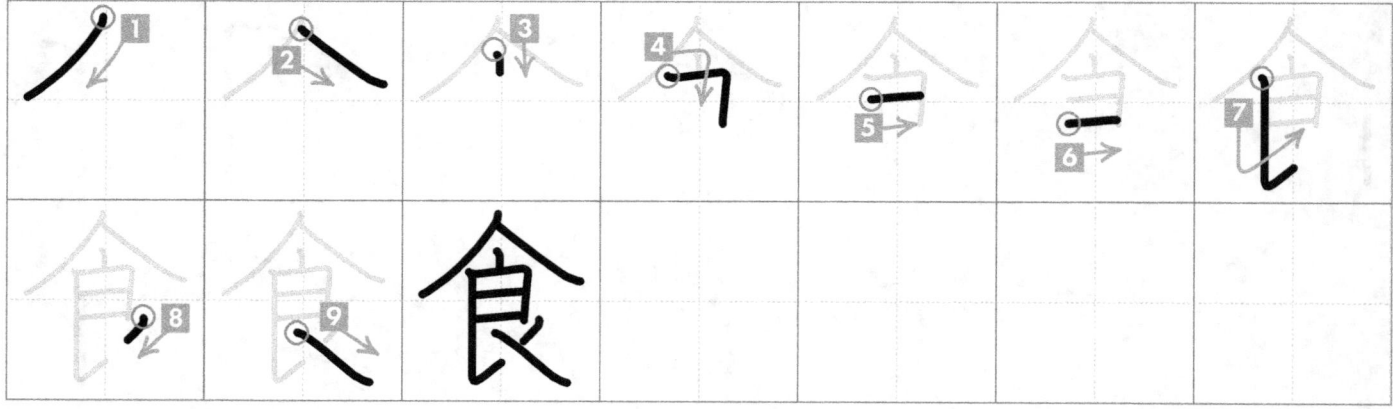

ENTRAINEMENT

Dessinez et entraînez-vous sur ce Kanji ci-dessous

MODES   食 食 食 食 食 食 食 食

KANJI #	RADICAL	COUPS	SIGNIFICATION	UNICODE
0304	車	7	**voiture, roue**	**8ECA**

ONYOMI

シャ
sha

KUNYOMI

くるま
kuruma

VOCABULAIRE

車輪 (しゃりん) (voiture) roue
車庫 (しゃこ) garage ; carport
車内 (しゃない) à l'intérieur d'un train, d'une voiture, etc.

電車 (でんしゃ) train ; train électrique
自動車 (じどうしゃ) voiture
駐車 (ちゅうしゃ) parking

ORDRE DES COUPS

Comment se dessine ce Kanji

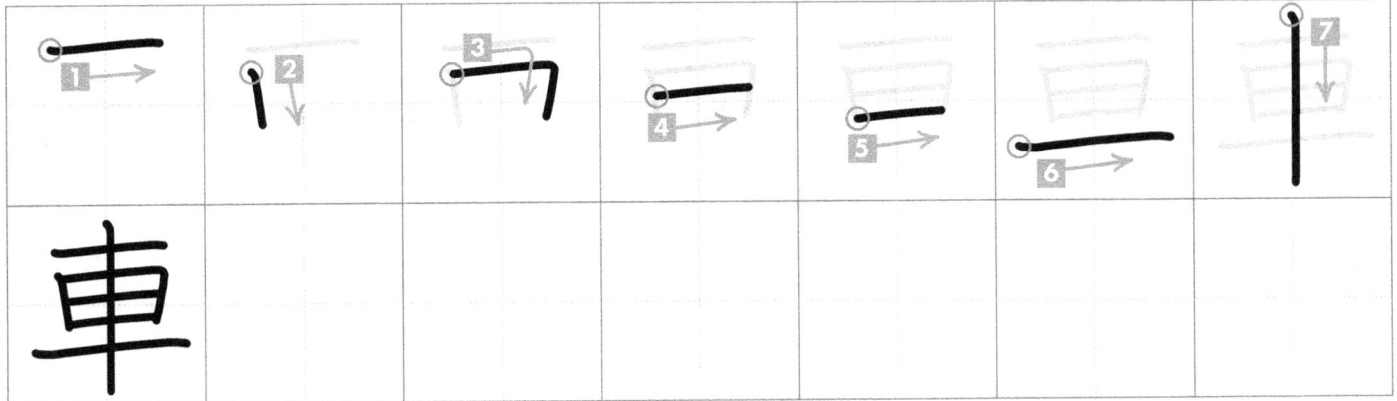

ENTRAINEMENT

Dessinez et entraînez-vous sur ce Kanji ci-dessous

MODES 車 車 車 車 車 車 車 車

KANJI #	RADICAL	COUPS	SIGNIFICATION	UNICODE
1087	人	7	**quoi**	**4F55**

何

ONYOMI

カ

ka

KUNYOMI

なに、 なん

nani, nan

VOCABULAIRE

何時 (いつ)	**quand ; dans quel délai**
何処 (どこ)	**où ; quel lieu**
何か (なに)	**quelque chose**
如何 (どう)	**comment ; de quelle manière**
幾何 (きか)	**géométrie**
何々 (なになに)	**de quoi s'agit-il ?**

ORDRE DES COUPS

Comment se dessine ce Kanji

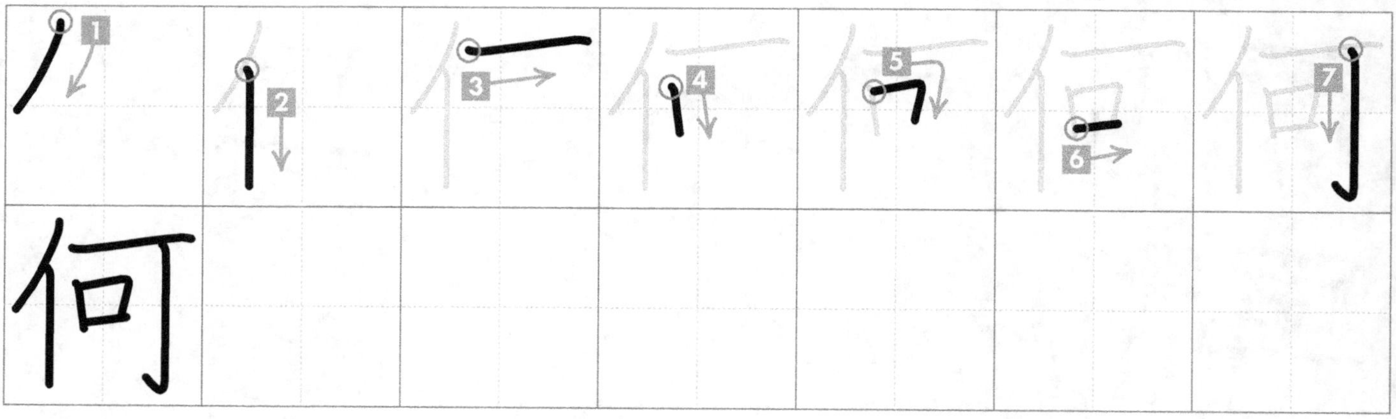

ENTRAINEMENT

Dessinez et entraînez-vous sur ce Kanji ci-dessous

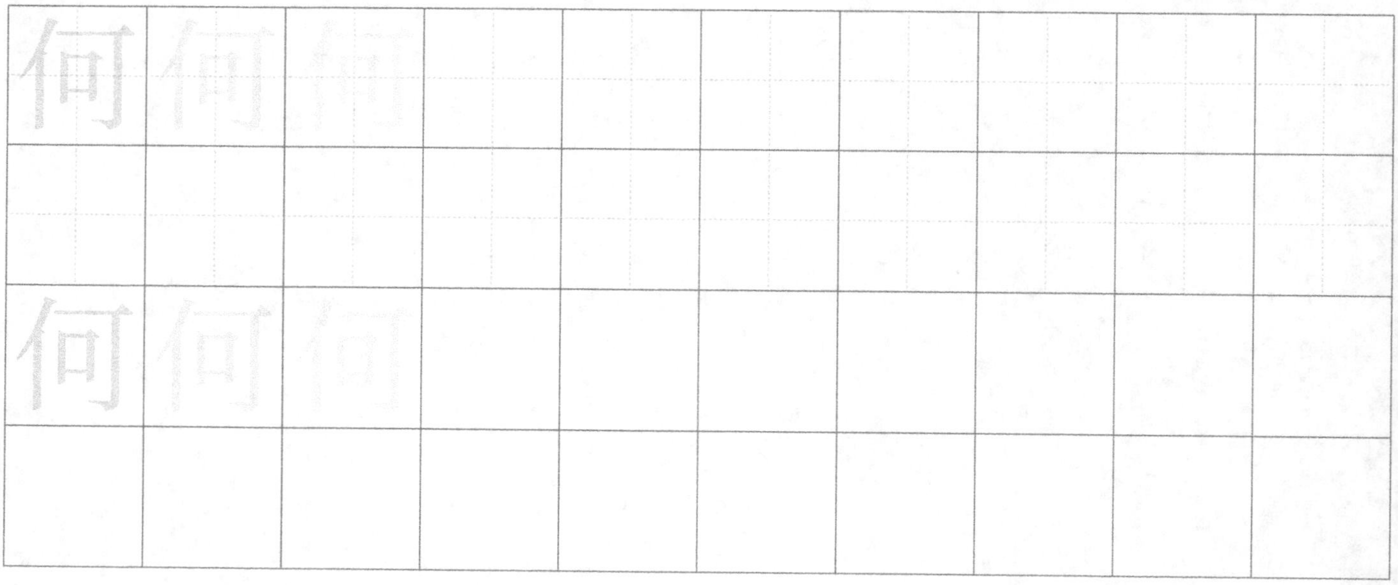

MODES

何 何 何 何 何 何 何 何

南

ONYOMI

ナン、ナ

nan, na

KUNYOMI

みなみ

minami

VOCABULAIRE

南北 (なんぼく)	nord et sud		東南 (とうなん)	sud-est
南西 (なんせい)	sud-ouest		西南 (せいなん)	sud-ouest
南東 (なんとう)	sud-est		真南 (まみなみ)	plein sud

ORDRE DES COUPS

Comment se dessine ce Kanji

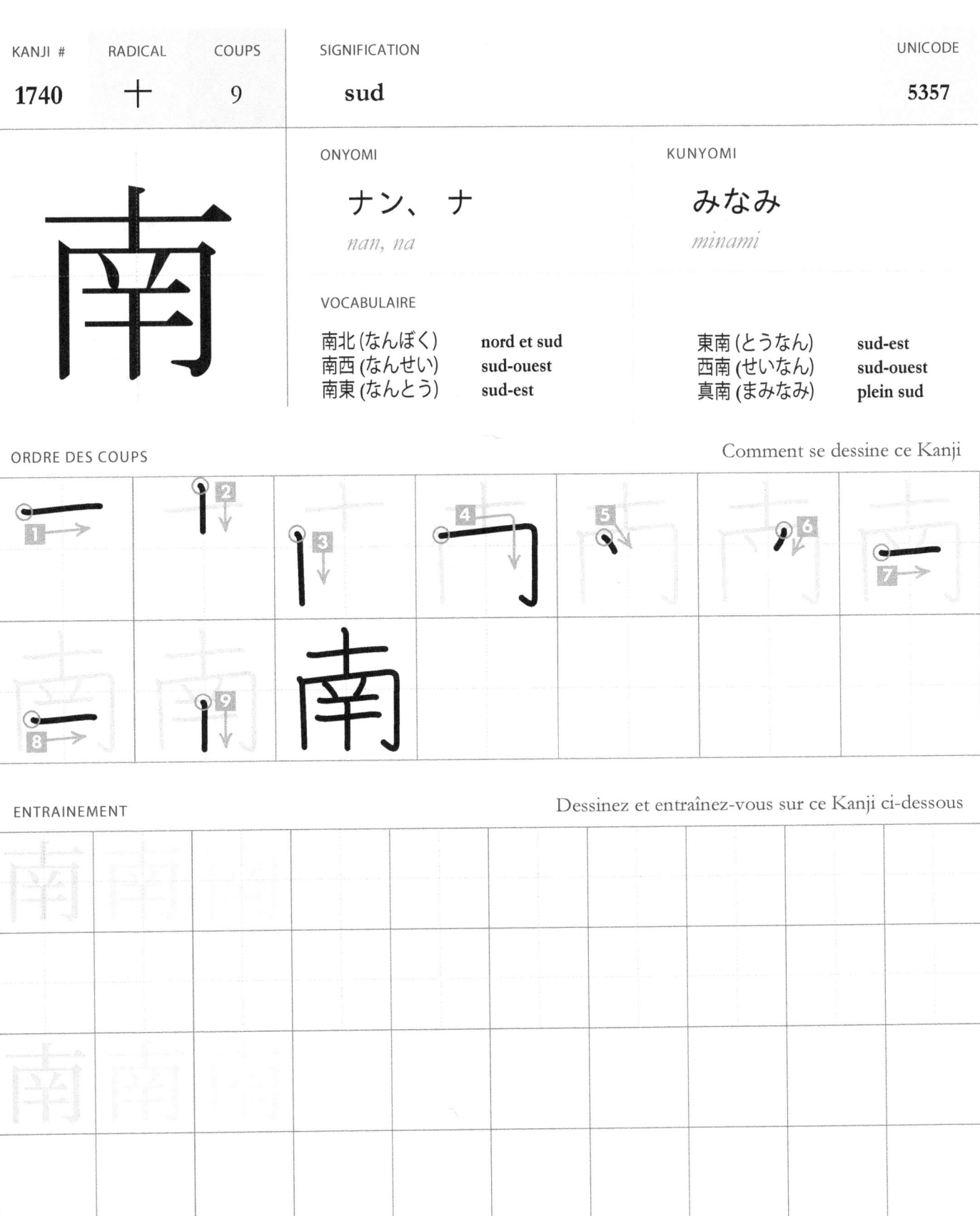

ENTRAINEMENT

Dessinez et entraînez-vous sur ce Kanji ci-dessous

MODES   南 南 南 南 南 南 南 南

KANJI #	RADICAL	COUPS	SIGNIFICATION	UNICODE
0068	一	3	dix mille, 10 000	4E07

万

ONYOMI

マン、バン

man, ban

VOCABULAIRE

万一 (まんいち)　urgence
万人 (ばんにん)　tout le monde ; tout
　　　　　　　　le monde
万能 (ばんのう)　tout usage ; utilité

百万 (ひゃくまん)　un million
十万 (じゅうまん)　cent mille
億万 (おくまん)　millions et millions

ORDRE DES COUPS

Comment se dessine ce Kanji

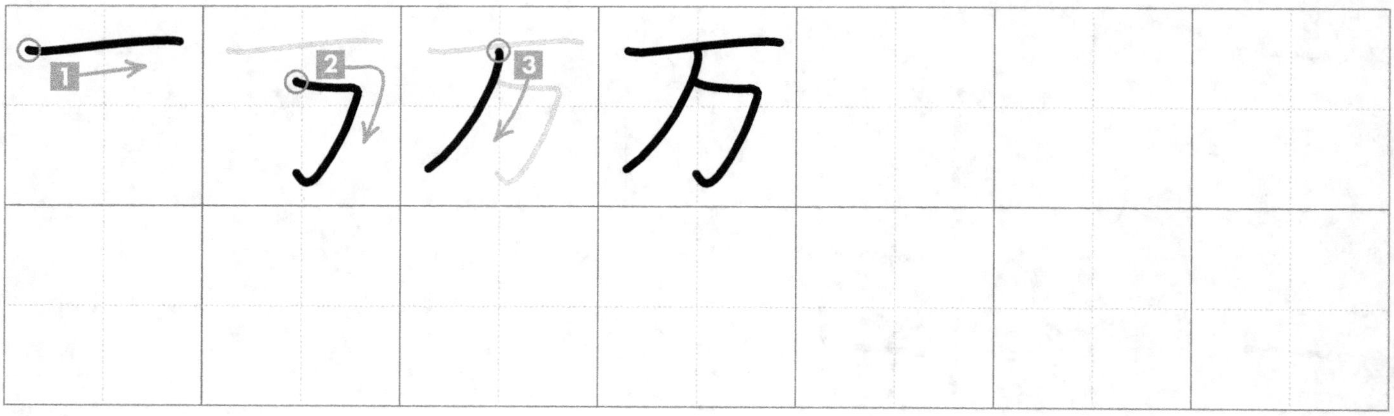

ENTRAINEMENT

Dessinez et entraînez-vous sur ce Kanji ci-dessous

MODES 万 万 万 万 万 万 万 万

ONYOMI

マイ

mai

KUNYOMI

ごと(に)

goto(ni)

VOCABULAIRE

毎日 (まいにち)	chaque jour	丸毎 (まるごと)	dans son intégralité
毎月 (まいつき)	chaque mois	人毎 (ひとごと)	avec chaque personne
毎年 (まいとし)	chaque année	毎回 (まいかい)	à chaque instant

ORDRE DES COUPS

Comment se dessine ce Kanji

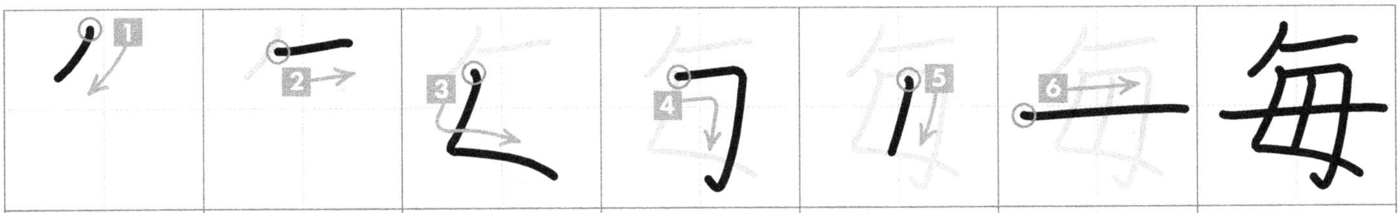

ENTRAINEMENT

Dessinez et entraînez-vous sur ce Kanji ci-dessous

MODES 毎 毎 毎 毎 毎 毎 毎 毎

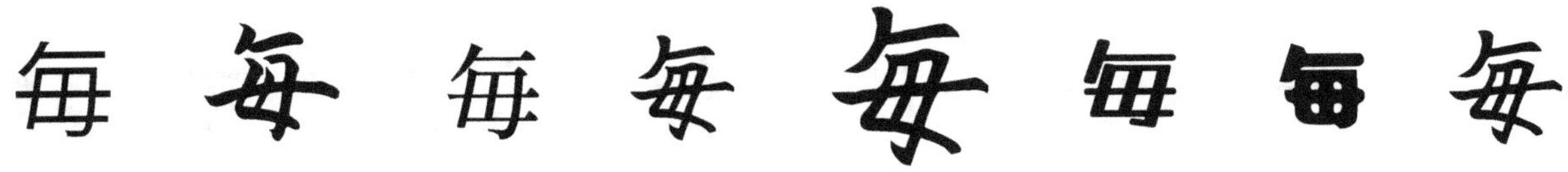

KANJI #	RADICAL	COUPS	SIGNIFICATION	UNICODE
0037	白	5	**blanc**	**767D**

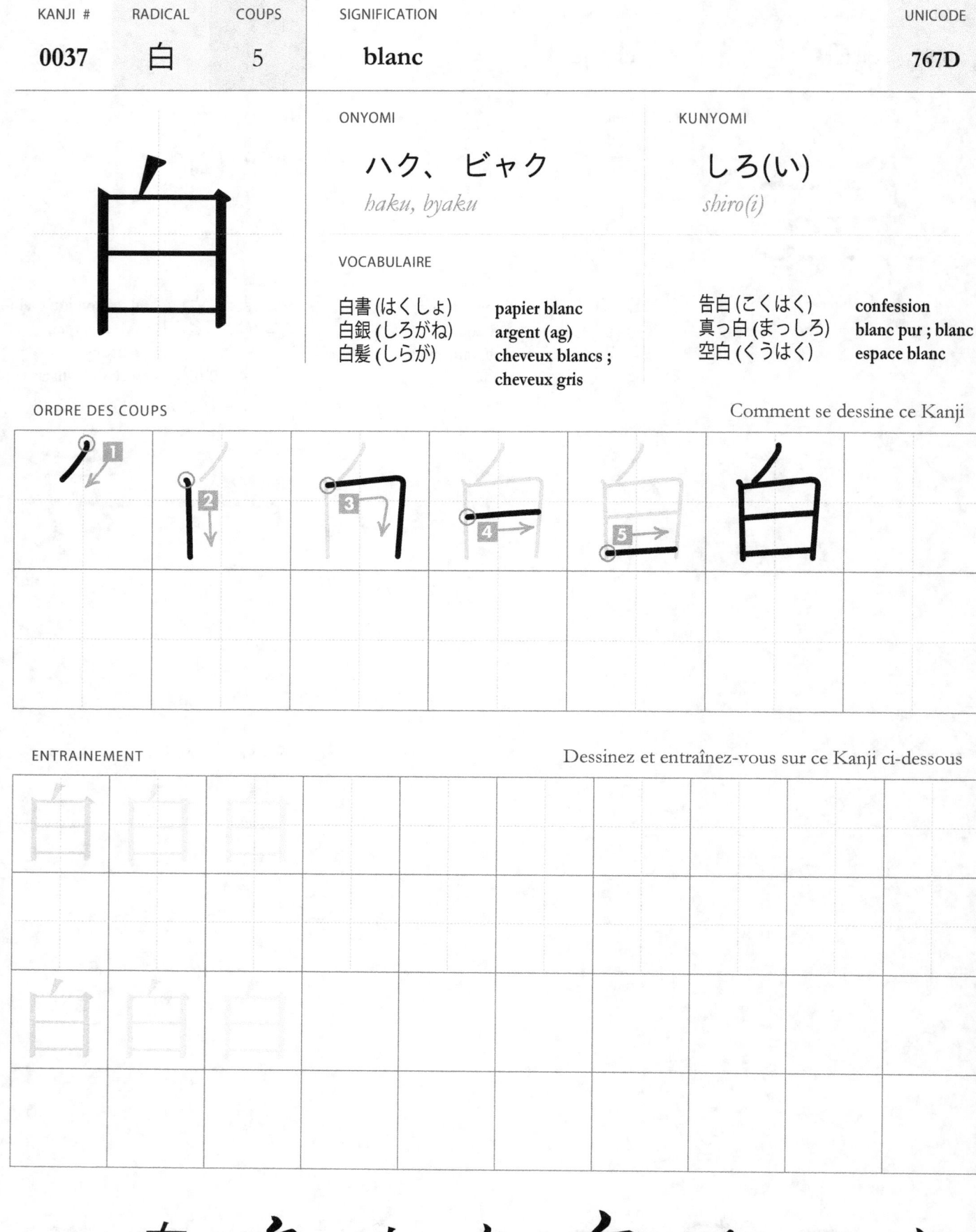

ONYOMI

ハク、ビャク

haku, byaku

KUNYOMI

しろ(い)

shiro(i)

VOCABULAIRE

白書 (はくしょ)　papier blanc
白銀 (しろがね)　argent (ag)
白髪 (しらが)　cheveux blancs ;
　　　　　　　　cheveux gris

告白 (こくはく)　confession
真っ白 (まっしろ)　blanc pur ; blanc
空白 (くうはく)　espace blanc

ORDRE DES COUPS　　　　　　　　　　Comment se dessine ce Kanji

ENTRAINEMENT　　　　　　Dessinez et entraînez-vous sur ce Kanji ci-dessous

MODES　　白　白　白　白　白　白　白　白

KANJI #	RADICAL	COUPS	SIGNIFICATION	UNICODE
0457	大	4	cieux, ciel, impérial	5929

天

ONYOMI

テン
ten

KUNYOMI

あまつ, あめ, てん
amatsu, ame, ama

VOCABULAIRE

天気 (てんき)	temps	雨天 (うてん)	temps pluvieux
天国 (てんごく)	paradis ; ciel	楽天 (らくてん)	optimisme
天井 (てんじょう)	plafond ; prix du plafond	炎天 (えんてん)	chaleur accablante

ORDRE DES COUPS   Comment se dessine ce Kanji

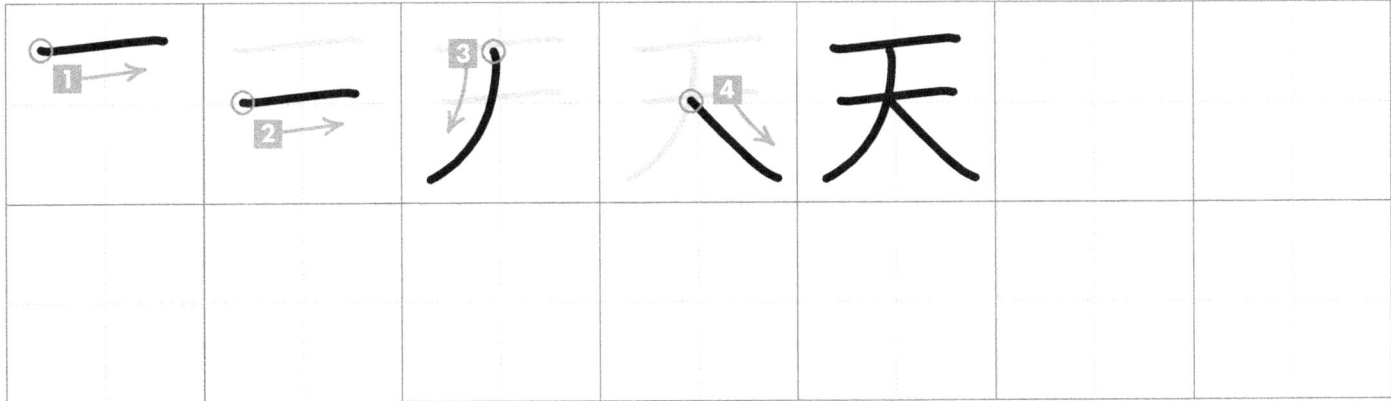

ENTRAINEMENT   Dessinez et entraînez-vous sur ce Kanji ci-dessous

MODES   天 天 天 天 天 天 天 天

KANJI #	RADICAL	COUPS	SIGNIFICATION	UNICODE
0105	母	5	**mère**	**6BCD**

母

ONYOMI

ボ
bo

KUNYOMI

はは、 かあ
haha, kaa

VOCABULAIRE

母校 (ぼこう)	**mère nourricière**
母子 (ぼし)	**mère et enfant**
母国 (ぼこく)	**sa patrie**
祖母 (そぼ)	**grand-mère**
父母 (ふぼ)	**père et mère**
分母 (ぶんぼ)	**dénominateur**

ORDRE DES COUPS

Comment se dessine ce Kanji

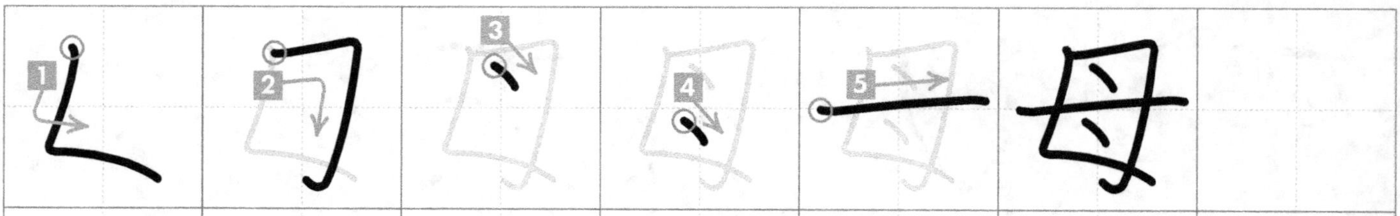

ENTRAINEMENT

Dessinez et entraînez-vous sur ce Kanji ci-dessous

MODES

母 母 母 母 母 母 母 母

KANJI #	RADICAL	COUPS	SIGNIFICATION	UNICODE
0173	火	4	**feu**	**706B**

ONYOMI

カ
ka

KUNYOMI

ひ、 -び、 ほ-
hi, bi, ho

VOCABULAIRE

火山 (かざん)	volcan	花火 (はなび)	feu d'artifice
火曜 (かよう)	Mardi	灯火 (あかり)	lumière ; lueur
火星 (かせい)	Mars (planète)	噴火 (ふんか)	éruption

ORDRE DES COUPS Comment se dessine ce Kanji

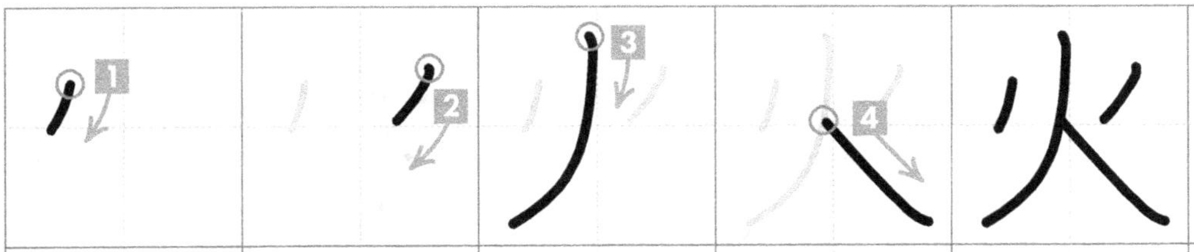

ENTRAINEMENT Dessinez et entraînez-vous sur ce Kanji ci-dessous

MODES 火 火 火 火 火 火 火 火 火

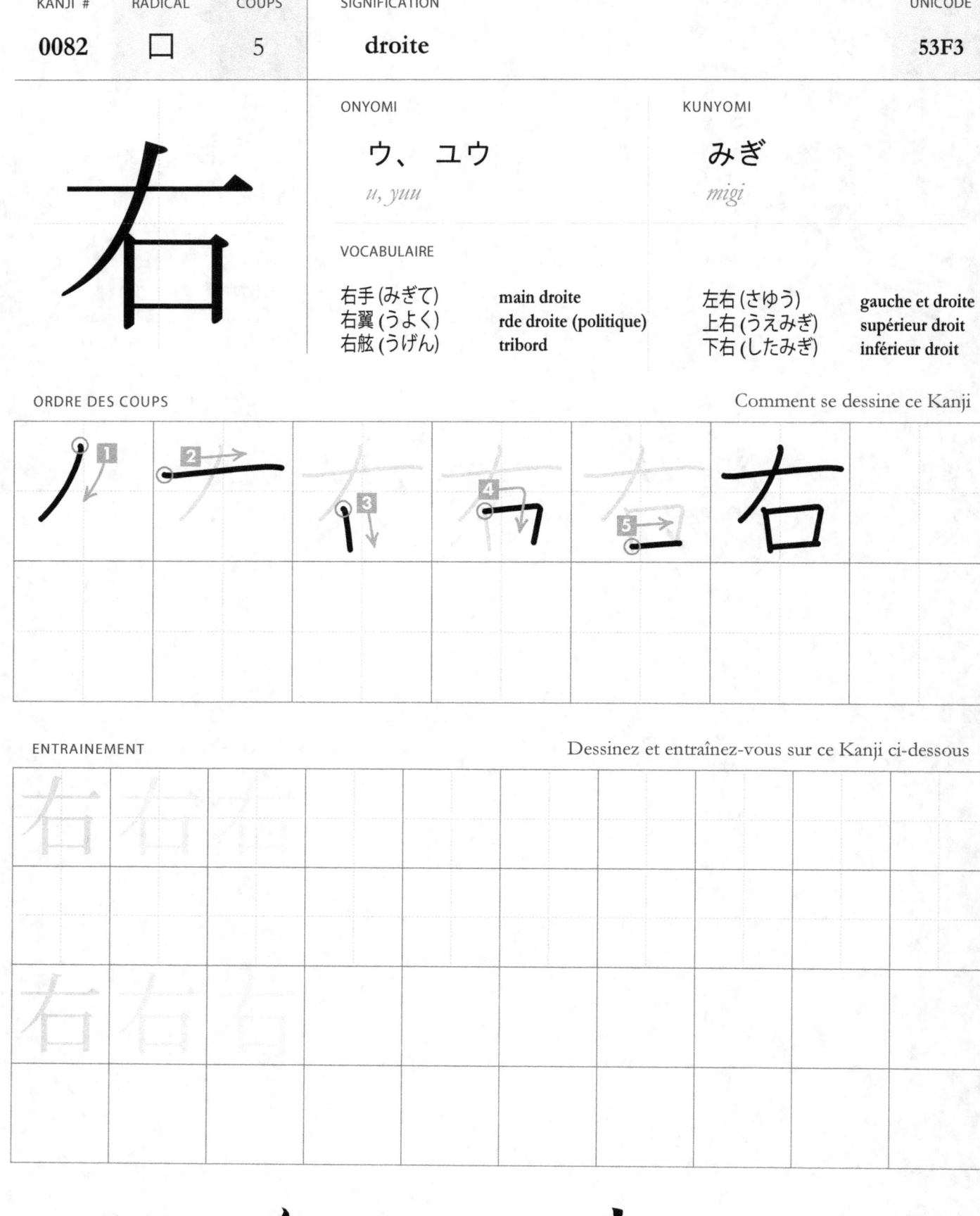

ONYOMI

ウ、ユウ

u, yuu

KUNYOMI

みぎ

migi

VOCABULAIRE

右手 (みぎて)	main droite	左右 (さゆう)	gauche et droite
右翼 (うよく)	rde droite (politique)	上右 (うえみぎ)	supérieur droit
右舷 (うげん)	tribord	下右 (したみぎ)	inférieur droit

ORDRE DES COUPS

Comment se dessine ce Kanji

ENTRAINEMENT

Dessinez et entraînez-vous sur ce Kanji ci-dessous

MODES 右 右 右 右 右 右 右 右

KANJI #	RADICAL	COUPS	SIGNIFICATION	UNICODE
0372	言	14	**lire**	**8AAD**

読

ONYOMI

ドク、トク、トウ

doku, toku, tou

KUNYOMI

よ(む)

yo(mu)

VOCABULAIRE

読書 (どくしょ)	lecture	一読 (いちどく)	lecture
読者 (どくしゃ)	lecteur	解読 (かいどく)	déchiffrage
読本 (とくほん)	livre de lecture	下読 (したよみ)	répétition
			(de pièce de théâtre)

ORDRE DES COUPS

Comment se dessine ce Kanji

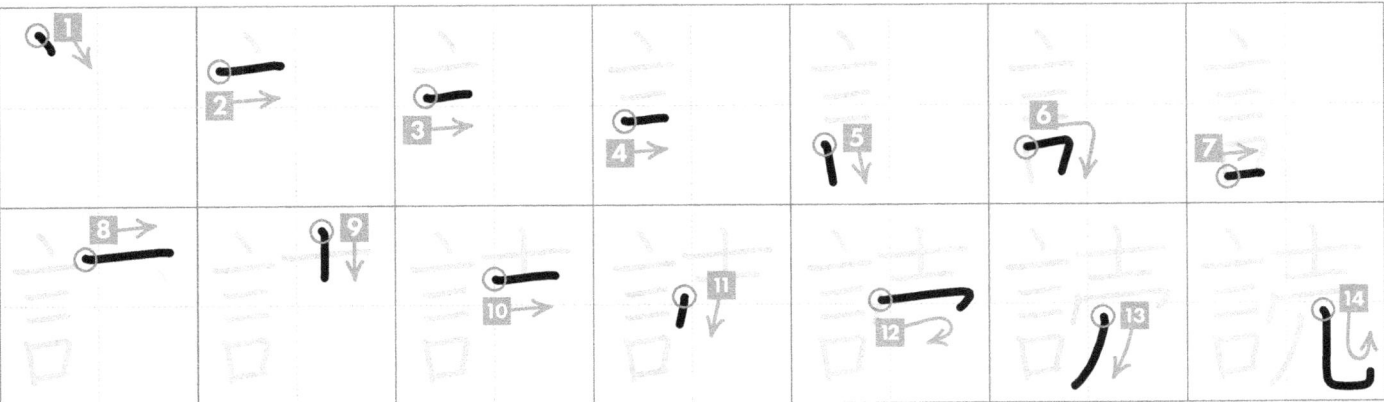

ENTRAINEMENT

Dessinez et entraînez-vous sur ce Kanji ci-dessous

MODES 読 読 読 読 読 読 読 読

KANJI #	RADICAL	COUPS	SIGNIFICATION	UNICODE
0760	又	4	**ami**	**53CB**

ONYOMI

ユウ
yuu

KUNYOMI

とも
tomo

VOCABULAIRE

友好 (ゆうこう)　　**amitié**
友愛 (ゆうあい)　　**fraternité**
友邦 (ゆうほう)　　**nation amie**

親友 (しんゆう)　　**ami proche**
学友 (がくゆう)　　**ami d'école**
校友 (こうゆう)　　**camarade de classe**

ORDRE DES COUPS　　　　　　　　　　　　　　Comment se dessine ce Kanji

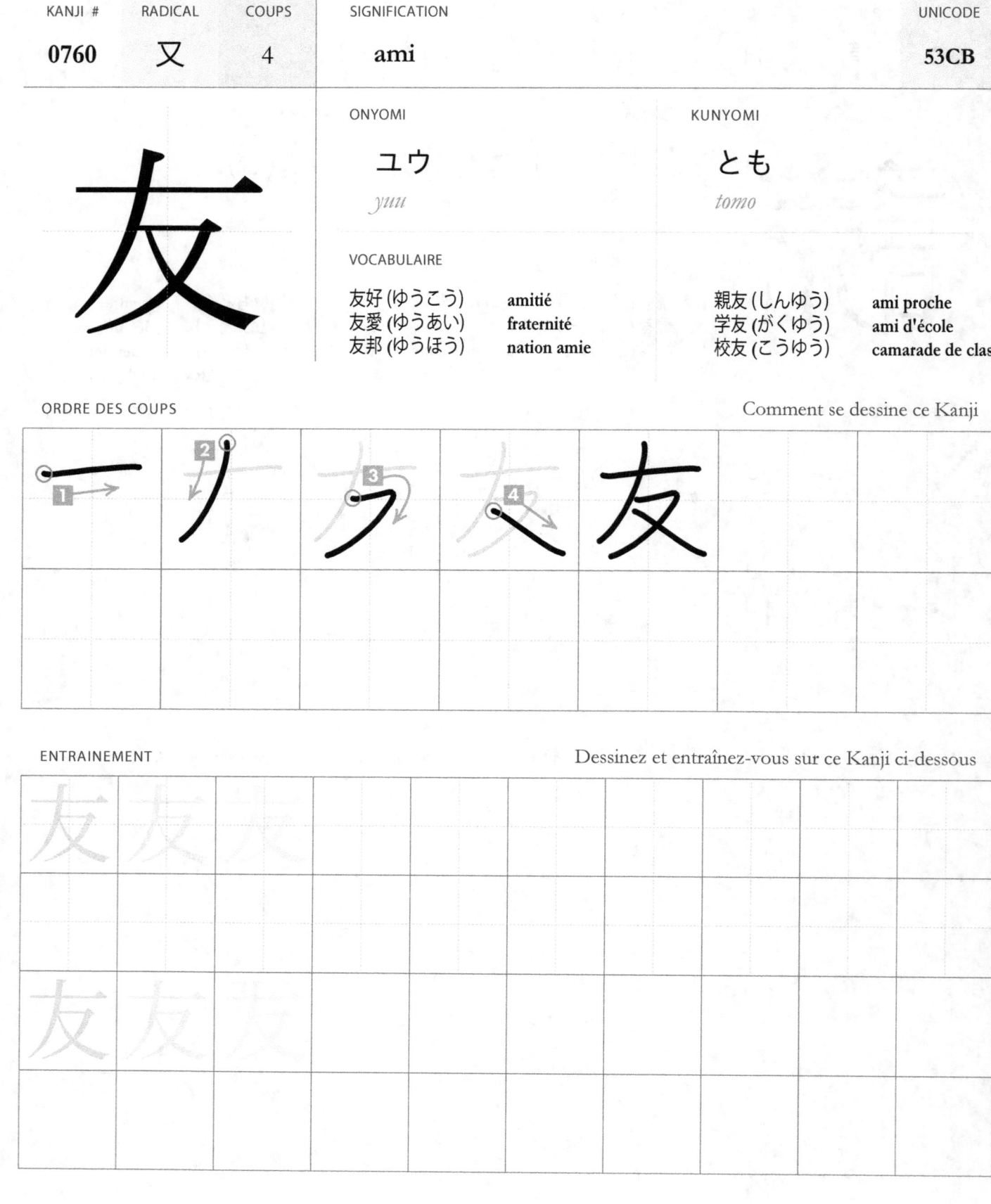

ENTRAINEMENT　　　　　　Dessinez et entraînez-vous sur ce Kanji ci-dessous

MODES　　友　友　友　友　友　友　友　友

KANJI #	RADICAL	COUPS	SIGNIFICATION	UNICODE
0081	工	5	**gauche**	**5DE6**

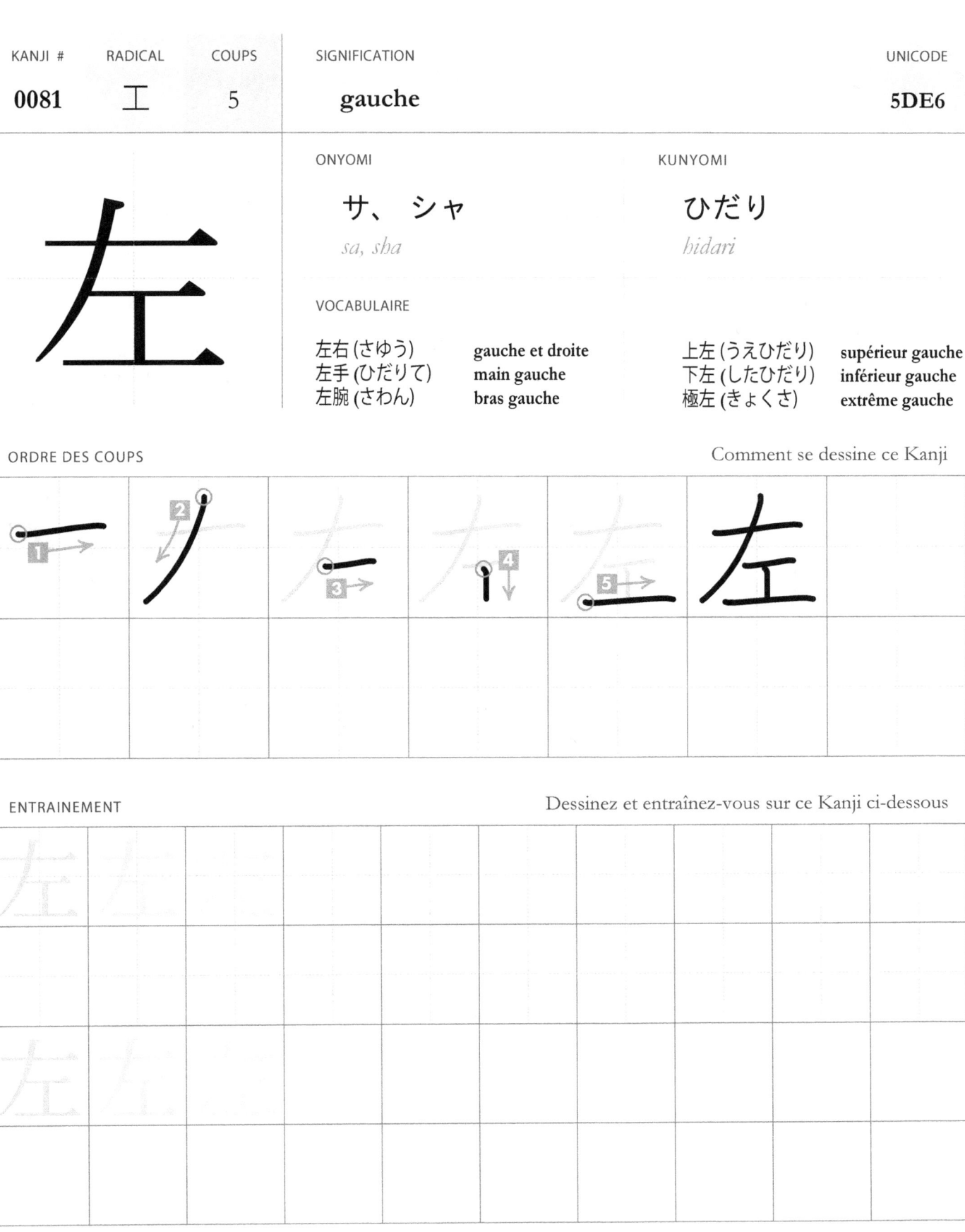

ONYOMI

サ、シャ
sa, sha

KUNYOMI

ひだり
hidari

VOCABULAIRE

左右 (さゆう)	gauche et droite	上左 (うえひだり)	supérieur gauche
左手 (ひだりて)	main gauche	下左 (したひだり)	inférieur gauche
左腕 (さわん)	bras gauche	極左 (きょくさ)	extrême gauche

ORDRE DES COUPS   Comment se dessine ce Kanji

ENTRAINEMENT   Dessinez et entraînez-vous sur ce Kanji ci-dessous

MODES   左   *左*   左   左   **左**   左   左   左

KANJI #	RADICAL	COUPS	SIGNIFICATION	UNICODE
1038	人	6	se reposer, prendre un jour de congé, se retirer, dormir	4F11

休

ONYOMI

キュウ

kyuu

KUNYOMI

やす(む)

yasu(mu)

VOCABULAIRE

休む (やす) — s'absenter
休日 (きゅうじつ) — vacances ; jour de congé
休止 (きゅうし) — pause ; cessation

連休 (れんきゅう) — vacances consécutives
週休 (しゅうきゅう) — congé hebdomadaire
運休 (うんきゅう) — service suspendu

ORDRE DES COUPS

Comment se dessine ce Kanji

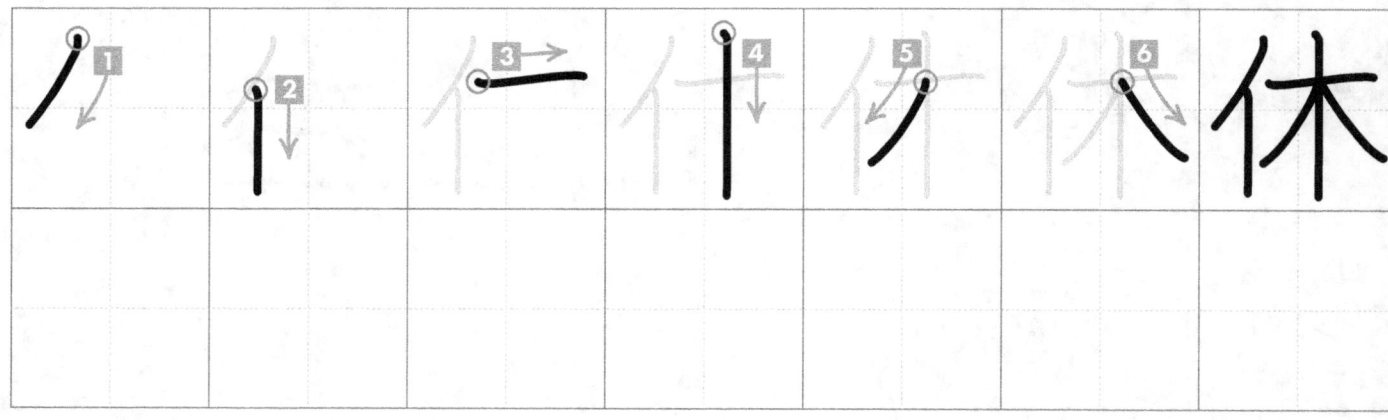

ENTRAINEMENT

Dessinez et entraînez-vous sur ce Kanji ci-dessous

MODES　休　休　休　休　休　休　休　休

KANJI #	RADICAL	COUPS	SIGNIFICATION	UNICODE
1366	父	4	père	7236

ONYOMI

フ

fu

KUNYOMI

ちち、とう

chichi, tou

VOCABULAIRE

父母 (ふぼ)	père et mère	祖父 (そふ)	grand-père
父子 (ふし)	père et enfant	伯父 (おじ)	oncle
父兄 (ふけい)	tuteurs	親父 (おやじ)	le père d'un individu

ORDRE DES COUPS

Comment se dessine ce Kanji

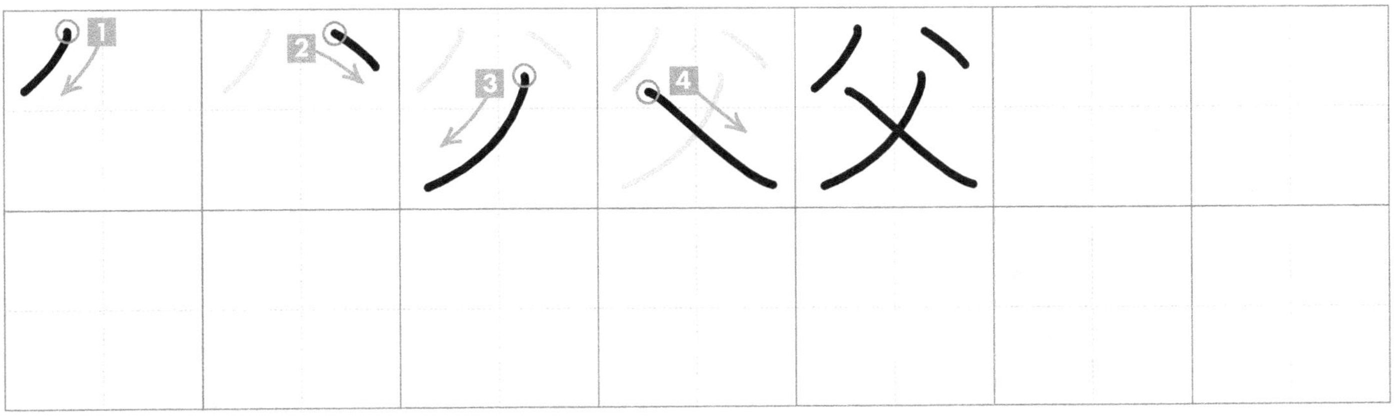

ENTRAINEMENT

Dessinez et entraînez-vous sur ce Kanji ci-dessous

MODES 父 父 父 父 父 父 父 父

KANJI #	RADICAL	COUPS	SIGNIFICATION	UNICODE
0451	雨	8	**pluie**	96E8

雨

ONYOMI

ウ

u

KUNYOMI

あめ、 あま

ame, ama

VOCABULAIRE

雨天 (うてん)	**temps pluvieux**
雨水 (うすい)	**eau de pluie**
雨量 (うりょう)	**précipitation**
梅雨 (つゆ)	**saison des pluies**
大雨 (おおあめ)	**forte pluie**
時雨 (しぐれ)	**bruine**

ORDRE DES COUPS — Comment se dessine ce Kanji

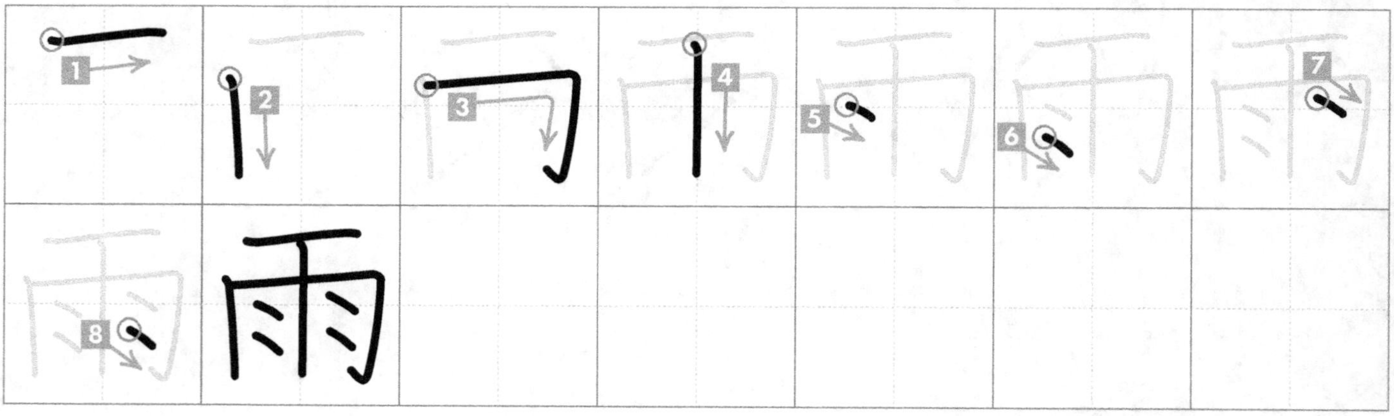

ENTRAINEMENT — Dessinez et entraînez-vous sur ce Kanji ci-dessous

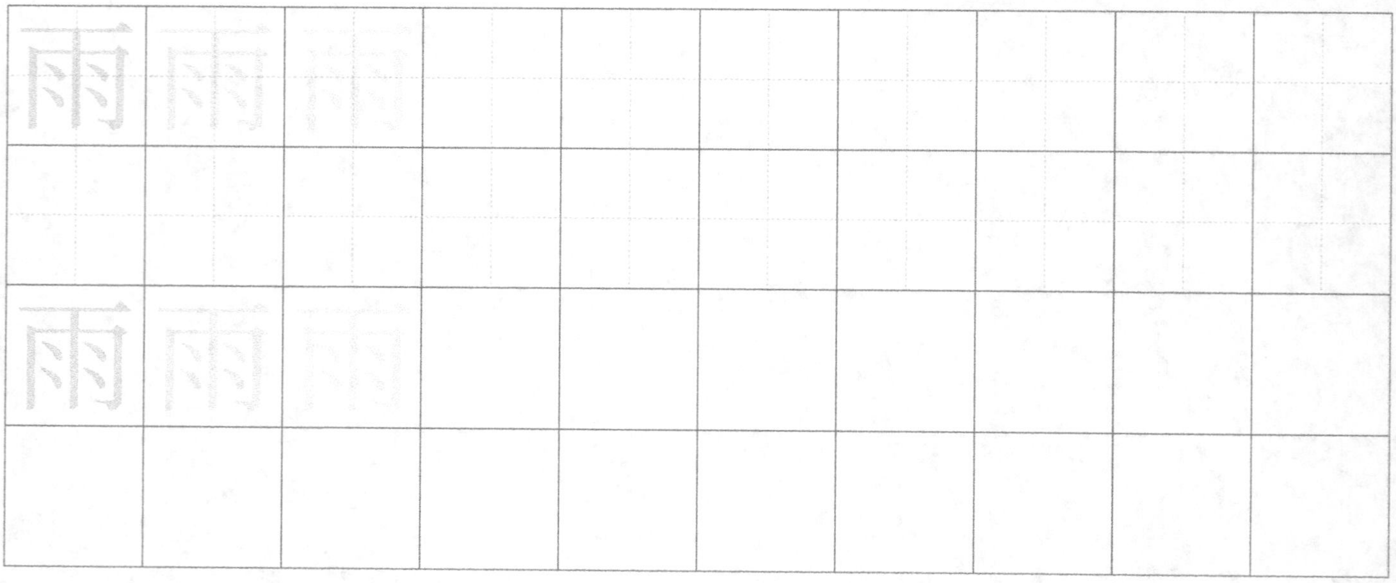

MODES 雨 雨 雨 雨 雨 雨 雨 雨

GENKOUYOUSHI

GRILLE PAPIER POUR DU PRATIQUE SUPPLÉMENTAIRE

Partie 5

CARTES FLASH

À PHOTOCOPIE OU COUPER & GARDER

日　丨　国

人　年　大

本　二　十

田　民　中

SIGNIFICATION — RADICAL

jour, soleil, Japon, compteur de jours — 日

personne — 人

livre présent, vrai, compteur pour les longs cylindres — 木

sortie, partir, sortir — 凵

SIGNIFICATION — RADICAL

un — 一

année, compteur d'années — 千

deux, 2 — 二

long, chef, supérieur, senior — 長

SIGNIFICATION — RADICAL

pays — 囗

gros, grand — 大

dix, 10 — 十

dans, à l'intérieur, moyen, moyen, centre — 丨

行	時	三
分	月	兒
生	前	後
上	間	五

SIGNIFICATION	RADICAL
maintenant, le présent	人
entrez, insérer	入
cercle, yen (unité monétaire japonaise), rond	冂
huit, 8	八
quatre, 4	口
neuf, 9	丿
grand, haut, cher	冂
extérieur	夕
est	木
or	金
étudier, apprendre, science	子
enfant	子

米	下	不
七	小	長
女	語	日
百	午	北

SIGNIFICATION	RADICAL
venir, dû, prochain, causer, devenir	木
sept, 7	一
femme, femelle	女
cent	白
au-dessous, sous, descendre, donner, bas, inférieur	口
petit, petit	小
conte, grand	言
midi, signe du cheval	十
six, 6	八
esprit, esprit, air, atmosphère, humeur	气
montagne	山
nord	匕

名	先	書
水	千	川
西	男	羊
語	校	電

圖	長	土
何	串	食
俥	方	更
串	天	日

SIGNIFICATION

terre, Terre, sol

RADICAL

土

SIGNIFICATION

arbre, bois

RADICAL

木

SIGNIFICATION

entendre, écouter, demander

RADICAL

耳

SIGNIFICATION

quoi/ quel/ qu'est

RADICAL

人

SIGNIFICATION

voiture, roue

RADICAL

車

SIGNIFICATION

manger, nourriture

RADICAL

食

SIGNIFICATION

chaque

RADICAL

毋

SIGNIFICATION

dix mille, 10,000

RADICAL

一

SIGNIFICATION

sud

RADICAL

十

SIGNIFICATION

mère

RADICAL

毋

SIGNIFICATION

cieux, ciel, impérial

RADICAL

大

SIGNIFICATION

blanc

RADICAL

白

說　右　火

休　左　友

　　用　父

SIGNIFICATION RADICAL

à lire

言

SIGNIFICATION RADICAL

droite

口

SIGNIFICATION RADICAL

feu

火

SIGNIFICATION RADICAL

repos, jour, congé, retraite, dormir

人

SIGNIFICATION RADICAL

gauche

工

SIGNIFICATION RADICAL

ami

又

SIGNIFICATION RADICAL

pluie

雨

SIGNIFICATION RADICAL

père

父

ありがとう

arigatou

Merci

Merci d'avoir choisi notre livre !

Vous êtes maintenant sur la bonne voie pour apprendre à lire, écrire et parler le japonais, et on espère que vous avez apprécié notre cahier d'exercices Kanji.

Si vous avez aimé apprendre avec nous, nous aimerions beaucoup que vous nous fassiez part de vos progrès par le biais d'un avis !

Nous cherchons toujours à améliorer nos livres pour les futurs étudiants. Nous tenons à offrir le meilleur contenu d'apprentissage des langues possible, alors n'hésitez pas à nous contacter par courriel si vous avez eu un quelconque problème avec le contenu de ce livre :
hello@polyscholar.com

Vous voulez plus de pages d'entraînement ? Scannez le code QR ou visitez le site https://amzn.to/3LO60sc pour obtenir un carnet de notes.

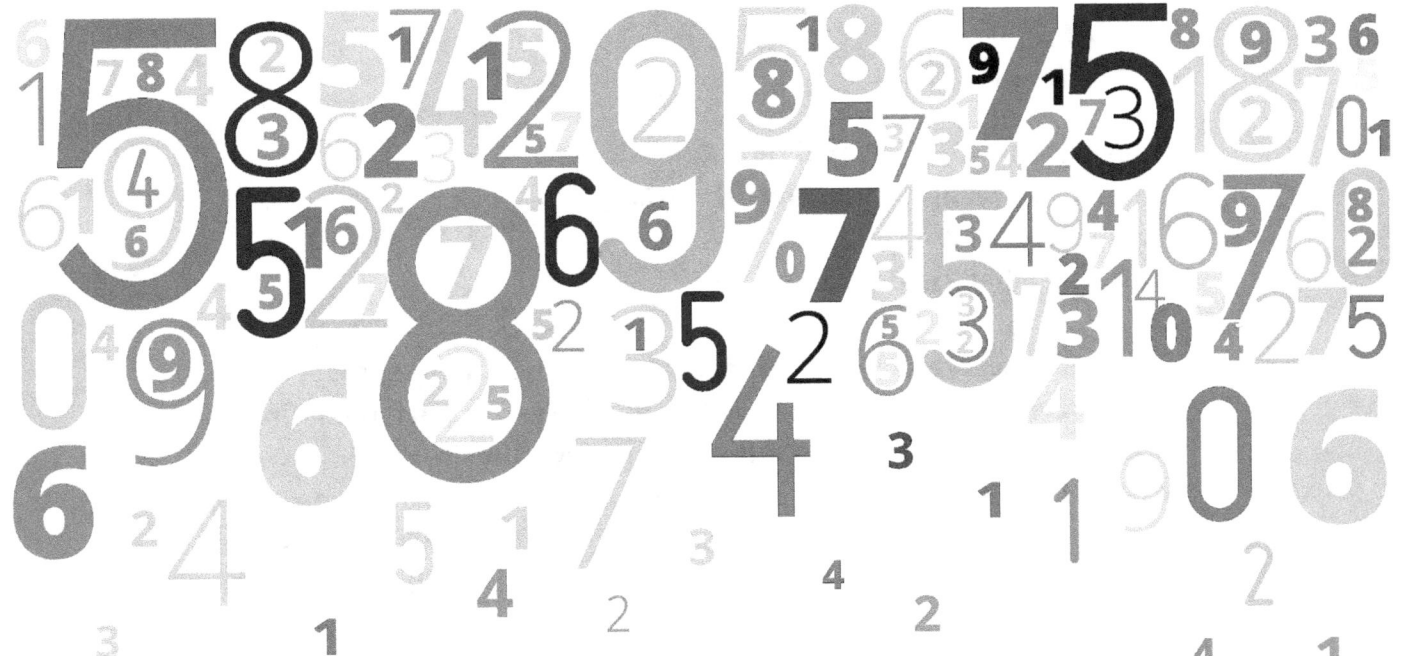

4th, 5th, 6th GRADE
MATH WORKBOOK
for SUPERHERO
GIRLS and BOYS

Empty
Mind

Publishing